国民国家のリアリズム

三浦瑠麗　猪瀬直樹

角川新書

まえがき　新しい「三酔人経綸問答」　猪瀬直樹

数多くの戦争映画を観てきた。僕が戦争映画が好きだったからというより、戦争をテーマにした映画があまりにも多くつくられてきたせいだと思う。戦争のスペクタクルな戦闘シーンはテレビでは描けない。小説やルポルタージュにも秀でた作品もたくさんあるが、暗い映画館の巨大な画面や音響効果による映像は戦争を再現するには最も適しているからだろう。

二〇一七年六月に日本公開となった「ハクソー・リッジ」（監督メル・ギブソン、主演アンドリュー・ガーフィールド）は、主役が敵を殺す兵士でなく負傷兵を救護する衛生兵というきわめて特異なめずらしい映画であった。

舞台は太平洋戦争末期の沖縄戦である。場所は首里城《しゆりじよう》の近く、ハクソーとは糸ノコギリ、リッジは断崖《だんがい》を意味する。糸ノコギリで切断したような急峻《きゆうしゆん》な絶壁を攻め上る米兵に対して、塹壕《ざんごう》に立て籠《こ》もり頂上に登ってくるところで攻撃を仕掛ける日本兵により、壮絶な白兵戦が繰り広げられた。ハクソー・リッジでの死闘は沖縄戦全体のなかではごく一部であり十日間ほどで終わっているが、死傷者の比率がきわめて高かった。

戦場はいつも悲惨だが沖縄戦は民間人を巻き込んでの消耗戦であった。米軍側に一万四千人の死者、七万二千人の負傷者が出た。日本側の犠牲者は十八万八千人、その半数が民間人であった。

ハクソー・リッジの戦闘で、映画の主人公の若い衛生兵は銃を持たずに身体を屈《かが》めながら駆けずり回り、米兵が断崖から一時的に撤退した際に、一人で敵のエリアに残留して身を隠しながら負傷兵の救出にあたった。彼は、七十五人の負傷兵の命を救って、後に名誉勲章を受けることになる。

衛生兵が主役の戦争映画をあえて観に行ったのは、日本国憲法のなかで自衛隊はあたかも架空の存在のごとく位置づけられていることにより、戦闘シーンもまた架空の世界のように想像されていると思われるからだ。そうであれば、負傷した兵士の存在もリアリティがないし、それを緊急に救わなければならない衛生兵の位置づけもさらに曖昧《あいまい》にされてしまう。衛生兵は敵を攻撃するのでなく、ひたすら負傷兵を助けるまさに自衛の隊員そのものともいえる。

戦争映画における戦闘場面では「おーい、ドク! 助けてくれ」と叫んでいるシーンが頻繁に出てくる。「ドク」とはドクターだが、本来のドクターは医者の資格をもつ軍医で野戦病院のテントの下で負傷兵を手術しており、戦闘の現場では鉄兜《てつかぶと》や腕章に赤十字マークをつけた衛生兵がドクターなのだ。衛生兵は、モルヒネの注射だけでなく応急処置としての医療行為が許されている。応急的に止血、点滴、注射、縫合、命を救うためにできることは何でもやらなければならない。

「ハクソー・リッジ」でも、主人公は弾丸が飛び交う戦場で、片足が吹き飛んだ負傷兵の腿《もも》に止血用のタオルを縛り安全なところまでズルズルと引きずって退避させたり、血漿《けっしょう》が眼に入り一時的に視力を失った兵士の眼を水で洗ったり、内臓が露出して呻《うめ》き苦しんでいる兵士にモルヒネ注射を打ったりと、さまざまな応急治療を施すシーンが出てくる。

この映画のなかの敵は日本兵であり、主人公は撃たれずに生き残ってくれ、と感情移入して観ていたが、そのために同胞が死ぬのは我にかえると後味がよくない。救いは、この「良心的兵役拒否者」は、戦場で日本兵の手当てもしたと伝えられていること、宗教的な普遍的良心の持ち主ということだろう。

主人公の衛生兵は良心的兵役拒否者だったという実話にもとづいており、実際に敵を殺す銃を持たないばかりか護身用のピストルすら持っていない。鉄兜に赤十字マークをつけているから敵兵から狙い撃ちされないかというとそうではなく、むしろ逆に攻撃されやすい対象とわかりやすいため、赤十字マークのない鉄兜を被って無防備な反撃のできない装具のまま、飛び交う弾丸のなかを腰を屈めて走り回った。

映画が戦闘シーンへと移る前、志願兵である主人公は、志願兵訓練所で銃の所持を拒否したことにより、兵舎では夜になると仲間のいじめに遇《あ》い、殴られ蹴《け》られした。さらに軍法会議にかけられ軍の刑務所に収監される寸前で、軍法会議は最後に良心的兵役拒否を認めた。キリスト教のなかには、人を殺してはならない、という教えがある宗派もある。主人公はそうした神の教えに従いつつ、国民の義務も果たそうとして衛生兵を志願した。

主人公は、上官に対して自分は人を殺さないので銃は持たない、とロジックで突っぱねるのだが、殴られても自分の主張を曲げない個人の芯《しん》の強さに感心した。日本人は集団に埋没してしまい、個としての信念や信条を貫き通す、拠《よ》り所としての神がいない。だからこうした個人の強さは日本人にはあまり見られないし、信仰の自由という権利を尊重する環境が成熟していない。

かつて僕は『ミカドの肖像』に、一九八一年に制作された「炎のランナー」という映画について記述している。ヒュー・ハドソン監督の作品で、アカデミー賞最優秀作品賞を受賞した映画である。一九二四年、第一次世界大戦直後のパリで開かれたオリンピックに出場したイギリス人ランナーの実話である。これも個人が抱く信念の強さが際立った映画だった。

主人公のランナーは最初、百メートルに出場するつもりだったけれど、レースが日曜日で安息日に当たったので辞退を願い出る。パリに行幸中のイギリスの皇太子（後の国王エドワード八世）のところに連れて行かれ、皇太子から直々に出場を促された。だがついに応じなかった。そのときのやりとりが興味深い。

ランナー「神は国と王を造り、法を定めた。その法は安息日は神のものと言っている。その通り守ります」

皇太子「君も私も英国民に生まれた。同じ民族遺産、絆、忠誠心を分かち合っている。時には忠誠心の名の下に犠牲を強いられる。犠牲なくして忠誠はありえない。君にとっては、いまがその時だ」

ランナー「祖国を愛しています。だが、このことだけは……」

（猪瀬直樹『ミカドの肖像』）

「国のために出てくれ」と皇太子から説得されても、若者は「私は国とではなく、神と契約をしている」と言って頑として応じなかった。神への信仰のほうが国家への忠誠より上にある、なぜなら地上の王国は神がつくりたもうたものだから。「ハクソー・リッジ」の主人公と重なる場面である。

結局、「炎のランナー」の主人公がどうなったかというと、百メートルには主人公のライバルのイギリス人が出場して優勝する。そして、主人公は安息日でない木曜日に行われた四百メートルに出場して優勝、イギリスは二つの金メダルを得たのだった。

「ハクソー・リッジ」でも「炎のランナー」でも、強い意志を貫くことができたのは神との契約があったからだ。いっぽうで国民国家の一員として愛国心を発露してもいるのである。

ヨーロッパ的近代国家を目指した日本では、一八八九年（明治22年）に大日本帝国憲法を発布して翌年に総選挙が実施され、帝国議会が開催された。福沢《ふくざわ》諭吉《ゆきち》は「政府ありてネーション（国民）なし」と藩閥政府の専制を批判したが、議会が開かれることで意思決定に「国民」が参加し、文字通り国民国家が誕生した。

だが明治維新後の日本に足りないものがあった。キリスト教にあたる内面の規範の軸、公共的価値体系であった。初代首相の伊《い》藤《とう》博文《ひろぶみ》はそれに気づいていた。

帝国議会開催の直前に「教育に関する勅語」（以下、教育勅語）が発布された。

「炎のランナー」では、英国国王とキリスト教の神は区別されているが、日本では天皇は憲法に規定された立憲君主でありながら、教育勅語は憲法と無関係に天皇により発せられた道徳律であった。天皇にはいわば一人二役のような役割が負わされた。

天皇は憲法に規定された存在（いわゆる「天皇機関説」）でありながら、教育勅語の発布者として宗教的な色彩を帯びたことになる。

「朕惟フニ我カ皇祖皇宗國ヲ肇ムルコト宏遠ニ徳ヲ樹ツルコト深厚ナリ」から始まって、「我カ臣民克ク忠ニ克ク孝ニ」とか「夫婦相和シ朋友相信シ」とか「一旦緩急アレハ義勇公ニ奉シ以テ天壌無窮ノ皇運ヲ扶翼スヘシ」と、教育勅語は、国民国家における国民の規範と義務、利他的な心得を説いたものだ。

キリスト教のように聖書を根拠にするわけにはいかないので、天皇が国を肇《はじ》めた永遠の昔から存在した道徳律とされた。法律には大臣の副署と呼ばれる署名が付くのだが、教育勅語に副署をしたらただの立憲君主の命令になってしまう。だから教育勅語は大臣の副書がない。あくまでも天皇のつぶやきのようなかたちをとりながら先祖伝来の伝統的な道徳として扱い、憲法とは別にした。

「ハクソー・リッジ」や「炎のランナー」の主人公が個人として挫《くじ》けずにいるのは、国民国家への強い忠誠心を持ついっぽうで、別に、自ら信ずるところの規範に従うことができたからである。

教育勅語が発布された翌年、第一高等中学校の教員であったキリスト者の内村鑑三《うちむらかんぞう》が不敬事件を起こしたと非難された。教育勅語奉読式で自らの信念に従い、ていねいに敬礼をしなかった点を咎《とが》められた。内村鑑三は、憲法に規定された天皇に従う愛国者としての自負、忠誠心を強く持ちながら、道徳律の発布者としての天皇については、キリスト者として区別したからである。

日本にも内村鑑三のような「ハクソー・リッジ」や「炎のランナー」に負けない「個人」がいたことは、日本の近代国家のスタートがまずまずであった証《あか》しともいえる。

近代国家を国民国家と言い換えてもよい。独立した個人（内心の自由）、主権者としての国民によって構成されたこの仕組みは、歴史的な産物だからである。

十七世紀から十九世紀にかけてヨーロッパで整えられた国民国家体制は、もっとも安定した統治システムと思われてきた。日本では明治維新という革命により素早く国民国家に切り換えることができた。国民国家は、専制王権に対して国民が主権者であるようなシステム、国境に区切られた一つのエリアのなかで共通の国語教育を義務づけ、言語だけでなく国旗や国歌などシンボル体系を持ち一体感を醸成してきた。

立憲君主制を採用した明治政府は、「富国強兵」により国家が産業振興に積極的に関わり、主権国家を維持するために納税だけでなく徴兵の義務も課しているが、ヨーロッパモデルを踏まえたものであった。

国民国家は歴史的産物であると書いたが、進化の過程で誕生した究極のシステムともいえた。だが歴史的産物であるかぎり、それを超えようとする動きが二十世紀に起きる。国民国家が集まる国際社会であっても国家間の戦争を抑止しにくい面がある。ヨーロッパにおける第一次大戦は総力戦となり史上最大の殲滅《せんめつ》戦となった。その結果、国際連盟が誕生したりパリ不戦条約が締結される。それでもヒトラーの戦争を防ぐことはできず、第二次大戦後、ヨーロッパ諸国は、欧州経済共同体（EEC）をつくり国境の壁を低くしながら、ついにEU（欧州連合）にたどり着いた。経済のグローバル化とも軌を一にした動きでもあった。

ところが近年、イギリスのEU離脱、トランプ政権の誕生など、国民国家への回帰現象が顕著になっているかのようでもある。

国民国家は人類が考えた最も精緻《せいち》な共同体モデルであると考えられるが、歴史的な産物であるがゆえ、新しい事象による変容も迫られている。

以上を踏まえたうえで気鋭の国際政治学者で『シビリアンの戦争——デモクラシーが攻撃的になるとき』の著者、三浦瑠麗さんと話し合いながら、国際社会と日本の針路を考えてみたい。

明治憲法発布の直前、日本の進むべき道を中江兆民《なかえちょうみん》は『三酔人経綸問答』として著している。三人の登場人物が酒の酔いにまかせて論争を繰り広げる構成の本である。ヨーロッパ列強を鏡としながらその欠点を指摘して非戦論を唱える洋学紳士（紳士君）、アジアへの強引な進出を主張する豪傑君、それぞれの言い分を聞きながら現実主義的な調整役を演じる南海先生、思想と性格が異なるそれぞれの意見により読者は多角的な視点を得ることができる。

本書の討論は三酔人ではなく、二人の男子と女子である。父親と娘ほどに年齢は離れている。体験も知識もおよそ懸け離れている。だからこそ異なる視座で意見を述べ合い、耳を傾けるべきところは互いに素直に耳を傾ける。瑠麗さんの柔らかく、かつ鋭い表現によって僕はずいぶん蒙《もう》を啓《ひら》かれた想いがしている。読者の皆さんの胸のうちもここに加えて、新しい三酔人としつつお読みいただければうれしい。

目次

第二章　トランプ時代のナショナリズム

序章　国家なき日本の危機

都心にある米軍基地

猪瀬　ここ（港区西麻布《みなとくにしあざぶ》の猪瀬事務所）にいると、都心なのにヘリコプターの音がうるさいでしょう。

三浦　ええ、聞こえますね。

猪瀬　ここから三百メートルほどのところ、新国立美術館近くに米軍のヘリポートがあって、何かあると夜中でもヘリが離着陸するバリバリバリという音が聞こえてくる。横田《よこた》基地とか厚木《あつぎ》基地、あるいは横須賀《よこすか》あたりからも飛んできている。二年前に一晩中、ヘリが旋回していたので眠れず何ごとかと思ったら、米海軍横須賀基地に原子力空母ロナルド・レーガンが、原子力空母ジョージ・ワシントンと交代で任務に就くために入港した日だった。原因がわかるまではテロ事件でも起きたのかと思ったほどだった。

三浦　へえ、そうでしたか。

猪瀬　だから、戦争は意外に身近にあるような感じでいる。いや、冗談ではない。みんなは六本木《ろっぽんぎ》に米軍基地があることすら知らない。沖縄の人たちはわかっているけれど、本土の人たちは近くに基地がある地域の人たち以外は、日本に米軍基地があることすらふだん忘れていると思う。

三浦　そうかもしれませんね。私が都心に引っ越してきたとき、六本木のヘリポートや赤《あか》坂界隈《さかかいわい》の大使館関連の住宅の高いフェンスに違和感を覚えたことを思い出しました。都心の基地は返してもらったほうがいいでしょう。自衛隊の基地にして米軍のヘリも使えるようにすればいいのに。

猪瀬　いや返さないね。

東京の西の端にある横田基地は石原慎太郎《いしはらしんたろう》都知事時代から民間共用できるよう交渉していて、僕も交渉を引き継いだが米軍はとうとう使わせてくれなかった。首相官邸や外務省は、はなからやる気がない。

本来は、羽田《はねだ》、成田《なりた》、横田と首都圏には三カ所の空港がバランスよく配置されているのが望ましい。首都圏の航空需要は羽田や成田だけではまかないきれないほどになっているから、ニューヨークでも、ＪＦＫ、ラガーディア、ニューアークとあるように、横田の四千メートルの滑走路だけでも返還してほしい。

しかし横田の民間共用では、治安面を配慮してせめてプライベートジェットでもよいから、と言ったけれど頑として認めなかった。軍人の転勤など家族連れで横田基地を使っているにもかかわらず。その横田基地からハイヤー代わりにヘリを飛ばして西麻布に降りてきているようでもあるのは、アメリカ大使館から近くて便利だからでしょう。

自衛官の労働条件はブラック企業並み

猪瀬 ニューヨークのハドソン川に、米軍の航空母艦と潜水艦が浮かんでいる。見学することができるのだけど、三浦さんは行ったことがありますか。

三浦 いえ、ないですね。

猪瀬 あそこは一度、見ておいたほうがよいと思う。戦争博物館というような大げさなものではないのですが、ハドソン川に巨大な航空母艦が桟橋に横付けになっており、誰でもなかに入って見ることができる。航空母艦のお腹のなかには第二次世界大戦で活躍した飛行機がたくさん並んでいる。桟橋の反対側に潜水艦が係留されていて、こちらも見学が自由にできる。

三浦 猪瀬さんは入ってみたんですか？

猪瀬 ええ。小さな階段を降り、船腹の細い廊下をずっと歩いて行くと、両側に狭い蚕棚のような部屋が並んでいました。そして「ああ、一つのところにじっとしていられない多動性的な僕はここでは耐えられないな」と思った。八十日間もいたら閉所恐怖症になってしまう。よっぽど穏健で我慢強いタイプの兵士でないと耐えられないだろう。

実際、潜水艦乗りを選ぶにも、面接して素質を確認してから選んでいるようだけど、少なくとも僕は向いていない。三十分と持たないと思う。

三浦　呼吸が苦しくなるでしょうね。

猪瀬　でも、ああいう環境に耐えられないと、戦争なんてとてもできない。たとえば、イラクに派兵された兵士たちにとって、爆弾を抱えて近づいてくる自爆テロは恐怖だけど、その恐怖に打ち克《か》たねばならない。自衛の戦争であっても戦争をするためには、ある意味で異常な精神状態を維持できなければならない。

三浦　ええ。軍種によって求められる資質や、体験する戦場の実態が異なるという話はよく聞きます。戦場の残酷さが生々しい陸軍や海兵隊に比して、空軍の戦場はもう少し観念的です。その差が戦場を記憶する際に出るようです。

猪瀬　アメリカ軍では労働環境を考慮して、潜水艦の乗組員は二クール制にしてある。たとえば八十日間のスケジュールで任務を遂行して帰港したら、全員が交代するという勤務形態を取っている。

ところが日本の海上自衛隊の場合、一クール制だから、同じ乗組員が少し休んで出港する。これではブラック企業並みのひどい勤務形態と言わざるをえない。少なくとも、自衛官の人権や労働条件は何も考えられていない。

こういう劣悪な労働環境を放置しておいて、国防だとか憲法九条だとか、そもそも議論する資格があるのか。前線で戦わなければいけない者への条件や待遇をきちんとせず、プライドを持てない状況にしている現状がある。

三浦　海上自衛隊の過酷な勤務体系については、私も切実に話をうかがったことがあり、心配しています。尖閣で有事があっても、海自の現場は寝てないのだから対応できないというジョークがあるという話すら聞いたことがあります。どうしても精神主義に頼って兵站を疎かにした戦前の体質が抜けていない気がします。二〇一五年七月に大分県杵築《きつき》市で、海上自衛官が自宅に放火して、四人の子どもを焼死させるという悲惨な事件がありましたでしょう。

猪瀬　ありましたね。

三浦　単身赴任で土日に帰宅していたのですが、彼が家を出るときに「妻が見送りに出てこなかった」と供述していると新聞には書かれていました。精神が疲弊したケースだと思います。海自の隊員は艦船に乗り組むので、家族から離れている時間が長い。だから、戦争に従事していなくても、ただでも日常的に睡眠不足で気力を奪われるという過酷な労働環境で、強いストレスやトラウマが生じやすいのです。

問題は護衛艦の乗組員たちです。潜水艦の場合は定員が決められていますが、護衛艦の場合は定員すら決められていません。そのため人員不足から睡眠時間が削られてしまうわけです。

そういう不当な労働環境をなぜ見直さないのか。その大きな理由に憲法九条が作った自衛隊への国民意識があると思っています。九条二項によって自衛隊の存在が表向き否定されていることによって、軍隊としての環境を整える取り組みについての積極的な意見が出てきません。極端な左派のなかには、人殺しを業とするような非倫理的な仕事に就くほうが悪いと考える人さえいます。

猪瀬　これほど自然災害の救助活動をしているにもかかわらず、法律的には日陰者扱いがされている。

三浦　それから、自分に引きつけて言うわけではないですが、政軍関係の理論研究をしている人がほとんどいないのも問題です。自衛隊を表向き軍と位置づけられず、また研究者の層が薄いため、政治と軍事の関係性について理論的に研究する学問が日本にはほとんど存在しないも同然です。多くの研究は戦前の政軍関係を対象としています。そのため現代の問題として実務的に語れる人は皆無に近いのが実情です。そもそも、大学には「軍」とか「戦略」と名のつく研究をすることすら、憚られる雰囲気があります。東大でもおおっぴらにそういう研究ができるようになったのは、比較的最近のことです。

猪瀬　そこが問題。軍として考えようとしていないから、十分な法律的な位置づけができていない。労働基準法など、もろもろの法律が当てはまらないだけでなく、軍法会議もない。たとえばいざ戦闘になって相手を射殺したときに、正当防衛だったか否かを誰がどのように判断するのか。地方裁判所が審理するわけにもいかないでしょう。そもそも、法律的な位置づけがないということは、法律的な自由や権利が奪われているということでもある。

右派や左派がそれぞれの立場から自衛隊を語るが、具体的なことを言わない。だから道路公団民営化と同じくらい思い切った改革をやらないと、解決しないと思う。長年、フタをして誤魔化してきたことだから。

自衛隊には「ドク」がいない

猪瀬　海自の潜水艦には軍医さえ乗っていないという。なぜなら、軍医の数が足りていないから。日本には防衛医科大学があるが、卒業後九年間、年季奉公をすれば、どこの病院で働いてもいい決まりになっている。だから、年季が明けると民間の病院に行ってしまう場合がほとんど。それどころか、九年間待たなくても学費を返せば自由の身。「やむを得ぬ理由により、卒業後勤務年限が9年に満たないで自衛隊を離職する場合は、卒業までの経費を償還しなければなりません」という防衛医大の規定を逆手に取り、民間の病院が立替払いをして雇用するケースもあるという。

でも、そうして人が足りないというのは制度や仕組みに問題がある。無料で医師の資格を取得できたこととその期間は見合っているのか。どうすれば数を増やすことができるのか。本来の任務を果たすことができるように規定を変えないといけない。

三浦　加えて、自衛隊員が名誉やプライドを感じられないような状況があります。だからこそ、軍医で居続けるということは考えないのでしょう。

猪瀬　僕は戦争映画をたくさん観てきた。よく戦闘シーンで「おい、ドク呼べ！」という場面があるよね。ドクというのは、ドクターのドクで衛生兵のこと。負傷兵の傷口から血が噴き出しているところに、ドクが駆け付けて来て応急処置を始める。衛生兵はドクと呼ばれるだけあって、点滴や縫合手術に近い処置もできる。つまり、日本で言えば、医師法に基づく医療行為ができる。

日本には救急救命士という資格がある。医師の指示に基づいて救急救命処置を行う医療技術者のこと。じつは三浦さんが小学生だった一九九一年に救急救命士法が制定されるまでは救急車に乗っている消防士は救命処置ができなかった。

三浦　それは知りませんでした。

猪瀬　医師法では、医師以外が点滴や注射などの医療行為をしてはいけないことになっている。でも救急車で患者を搬送するとき、病人やケガ人は死の危険にさらされているケースもあるわけで、必要な対応をしなければならない。それで、救命救急士という資格を取得すれば、消防士でも対応ができるようになった。

三浦　資格がないと医療行為は何もできませんからね。

猪瀬　それと同じことで、戦場ではドクが血止めや縫合手術などの応急処置をしてくれる。ところが自衛隊の衛生兵は准看護師の資格を持っているだけだから、注射も縫合手術もできない。それで、戦場でいったいどうするつもりなのか。

三浦　ほんとうですね。国としてそういうことを考えてこなかったツケを現場が払うことになってしまいます。

猪瀬　東日本大震災でも問題になった。被災地支援で自衛隊が活躍したのは誰もが知っている事実だけれどもそこで、自衛隊の衛生兵が医療行為ができなかったことは知られていない。海外からの医療支援の申し出に対して積極的でなかったのは、日本の医師の資格がないので医療行為を許されないという杓子《しゃくし》定規な考え方のせい。三十ヵ国以上からの申し出に対して受け入れたのは四ヵ国のみだった。

震災から五年後の二〇一六年、ようやく防衛省が設置した有識者会議の提言があり、医師免許がない自衛隊員にも一部の医療行為を可能にするとされた。准看護師と救急救命士の資格をもつ隊員に専門的な講習を受けさせ対応するとして、解禁する医療行為を以下の五項目としています。

①気道確保のための気管切開②胸にたまった空気を抜く「胸腔穿刺《きょうくうせんし》」③出血時の骨髄などへの輸液投与④鎮痛剤投与⑤感染症予防のための抗生剤投与

これらの医療行為は保健師・助産師・看護師法の解釈の範囲で可能として、新たな法改正はしないという中途半端なもの。

左派には衛生兵の議論を持ち出すだけで「戦争の準備だ」と思考停止のブーイングを始める人たちもいる。

こういう重大なことが国会でまともな議論にならないのは、憲法で自衛隊の位置づけがあいまいなままだから。法律を整えていかないからグレーゾーンになってしまう。衛生兵が活躍できないと助けられる兵士の命も助けられない。

僕らもケガをしたときに備えて、包帯や絆創膏《ばんそうこう》、塗り薬などが入ったキットを持っているでしょう。自衛隊員もそういうキットを持っているけれども、僕らの持っているキットと大差ないようで、米軍に比べると非常に貧弱なもの。まず基本的な装備を整えなければいけない。

三浦　左派が思考停止のブーイングをするというのはその通りなんですが、自民党も、保守や右派を自任する政治家もこれを放棄してきました。左派にはあきれますが、政権にあった保守へは、何のための保守なのかと腹が立ちます。そして、猪瀬さんの指摘を実現するためには医師法の改正が必要です。

猪瀬　そう。憲法に自衛隊をきちんと位置づけるだけでなく、医師法を改正して「自衛隊員の救急救命を除く」という例外規定を入れる必要がある。ただでさえ既得権益の壁は厚い。いま薬学部は医学部と同じ六年制になったが、薬剤師に注射すらさせない。ようやく聴診器は使えるようになったぐらい。相互に仕事が被る場合は融通をきかせたほうが医療コストを削減できる場面もあるでしょう。

そのうえで憲法に位置づけられていない自衛隊だから、ただし書きも入れられない。

三浦　そうでしょうね。いまの法体系は有事を想定していないものになっています。有事になったら、ろくに手当ても受けられずに苦しまなければならないし、救えるはずの命も救えないということになりかねない状態です。

自衛隊はディズニーランドの倉庫

猪瀬　そもそも自衛隊の調達とか編成をどうするかという重要なことについて、誰も何も考えてないのではないかと不安に思っている。

たとえば、北海道に置いている陸上自衛隊（以下、陸自）の戦車部隊は、冷戦時代の遺物。ソ連軍が上陸してくるのに備えて置かれた戦車部隊が北海道にあるが、もう役割を終えている。

一〇式《ひとまるしき》戦車を主力にしているけれど、それより速くてバーッと高速道路を移動できる機動性の高いタイヤの装甲車型をもっと増やしたほうがよいのではないか。
専守防衛のため、そして限定的な集団的自衛権を行使するためにどういう軍隊を持ったらいいか、編成を考えて調達しないといけない。それこそ、元防衛大臣の石破茂《いしばしげる》さんなどがリーダーシップを取って、きっちりやらなければダメだろう。

三浦　自衛隊の予算編成はいま陸海空で分けているのですが、これを統合幕僚監部（以下、統幕）で一括して編成するようにすれば、自衛隊全体のための戦略的資源配分ができると思います。これは、統幕の中にいた人が言っていたことです。

猪瀬　陸海空が戦前の日本軍みたいにタテ割になっているから、それぞれ予算が既得権益になっている。だから本来は国家防衛戦略を作成して、既得権益を一度解体しないといけない。

三浦　おっしゃる通り。アメリカのような帝国は、陸・海・空・海兵隊の4軍種の間に相当の重複があります。例えば、エリート部隊として有名なシールズは海軍で、レンジャーは陸軍、海兵隊は隊そのものにそういう性質がある。ただ予算も人員も限られる自衛隊はそんなことはできないので、統合と全体最適を通じた効率化が不可欠です。

猪瀬　とりわけ僕が心配しているのは原発の警備。いまは民間の警備会社が担当していて特別なやり方をしてない。それで、民間警備会社の歴史と実態を総合的に把握するために『民警』（扶桑社）という本を書いた。原発の警備まで含めた防衛体制をどうつくるかという議論を真剣にやらないといけないと思っている。

それから、テロ対策も練り直さないといけない。共謀罪をテロ準備罪法などと呼んでいるが、以前東京地検公安部長を務め、最近自民党を離党し日本ファーストの会を立ち上げた若狭勝《わかさまさる》衆議院議員などは、共謀罪ではまったくテロ対策にはならないと指摘している。

三浦　具体的な脅威として、オリンピックの際のテロも心配です。

猪瀬　軍医が足りず、衛生兵の活動も制約されている。キットも一般人のものと大差ない。野戦病院がなければ、裁判所もないという現実を改善するためには当然、法律の改正が必要になる。そういう具体的な話になぜ踏み込まないのか。急いで整備しておかないと、いざという時にとんでもないことが起きる。

三浦　自衛隊の人は、人員が足りないとか不眠不休で働いているといった厳しい現実を発信する場を与えられていません。そういう実態について、彼らが政権与党にいくら訴えても、自民党の幹部たちは興味を示さない。右の耳から入って左の耳から抜けてしまう感じなのでしょう。現在の中期防衛力整備計画は二〇一八年度で終了するため、現在次期の中期防衛計画の議論が始まっています。でも報道されるのは陸上型イージスシステムの話や敵基地攻撃能力の話ばかり。もちろん、北朝鮮の脅威が高まっているので大切なことではありますが、こうした地に足のついた話も取り上げていくべきです。

猪瀬 そうだろうね。

三浦 自衛隊の庇護《ひご》者であり、右派を自認するはずの自民党内に、自衛隊の現実を改善しようと取り組む人がいないのはなぜか。そこで思い当たったのは、艦船や兵器は購入するだけで愛国者に見えるので、そうしたパフォーマンスがお手軽な愛国者の証明になっているのではないかという仮説です。

猪瀬 なるほど、お手軽愛国者。

三浦 自衛隊出身の政治家はほとんどいません。そして少数の出身者があたかも全体の利益や政策志向を代表しているかのように受けとられてしまっている。右派も、艦船や兵器の予算を獲得するだけで愛国者のフリができるために、自衛隊の実態についてあまり関心を持たないし、改善しようなどという気運も起こりません。

猪瀬 稲田《いなだ》前防衛大臣のように軍事の素人を任命したこと自体、安倍《あべ》総理も何を考えているのかと見識を疑う。トランプ大統領は批判されることが多いが、合衆国国防長官には海兵隊大将としてアメリカ統合戦力軍司令官、NATO変革連合軍最高司令官、アメリカ中央軍司令官を歴任したジェームズ・マティスを任命した。議会での信任が厚いプロフェッショナルです。

軍人だから戦争をするのではなく、専門家だから戦争を抑止できる能力があると考えなければいけない。

日本では艦船や兵器について、ほとんど審議の対象にならない。年間の防衛予算はGDP（国内総生産）の一パーセントで、五兆円もの巨大なブラックボックスができているということ。自衛隊は戦闘行為をやっていないので、災害が起きたときの救助活動やPKO（国連平和維持活動）ぐらいしか国民には見えない。

僕は「戦後の日本は『ディズニーランド』」とずっと皮肉を述べてきた。自衛隊というブラックボックスは、いわば「ディズニーランド」の倉庫でしかない。大量の兵器が仕舞ってあるけれども、外からは見えない。

三浦　そして米軍基地の兵士が「ディズニーランド」の門番を務めていると。

第一章　憲法九条三項を問う

三浦瑠麗の憲法論

猪瀬　五月に安倍晋三《しんぞう》総理に会ったのでしょう。

三浦　ええ、安倍総理サイドから「会いたい」というオファーをいただいて、坂元一哉《さかもとかずや》大阪大大学院教授、細谷雄一《ほそやゆういち》慶應大教授の国際政治学の学者三人が招かれた席でお会いしました。ただ、特定のテーマがあったわけではなく、基本的には雑談です。

猪瀬　憲法記念日にビデオレターの形で憲法九条に自衛隊の存在を認める第三項を付け加える案を提出し、大きな議論を呼んだ。この加憲というのは別に安倍総理のオリジナルなものでもない。公明党が賛成でき、民進党も元国土交通大臣の前原誠司《まえはらせいじ》さんが同じような主張をしていたので、安倍総理の提案はまとまりやすいところを選んだということではないか。

三浦　そうなのです。安倍総理がそこまで譲る決心をしたということが大きなニュースでした。憲法改正で九条を正面から改正するというのは正しい判断です。ただ、九条の二項を削除しないと、私たちの世代に解釈論というか、神学論争が残ってしまう。この点は総理にも申し上げましたし、テレビをはじめ、いろんな場面でも発言してきています。

猪瀬　三項では自衛隊をどう規定するつもりなんだろうか。

三浦　「前項によらず」とか「前項の規定にかかわらず」という形で、自衛のための自衛隊を持つことを規定する。そして、「内閣総理大臣を最高指揮官とする」みたいなことを書くつもりのようですが、「前項によらず」と書くと二項の死文化が明確になるので、「前項によらず」のくだりを取ってしまうのではないでしょうかね。

猪瀬　それで、二項と三項に矛盾は生じないのか。

三浦　形としては、政府がこれまで採ってこなかった芦田《あしだ》修正論をあたかも採用しているかのようになります。芦田修正とは、一九四六年に憲法改正草案について審議する政府の憲法改正小委員会の委員長で、後に首相になる芦田均《ひとし》が、憲法九条二項の冒頭に「前項の目的を達成するため」という文言を追加する修正を行ったことを指します。この修正行為から立法意図を汲《く》み取り、侵略行為をしないという目的のための戦力を放棄したのが二項の意味である、逆に自衛という目的のために戦力を保持することは可能であるという解釈が導き出されることになります。

ただ、政府の立場も最高裁も、これほど便利なはずの芦田修正論を採用してこなかった。同じく一九四六年に吉田茂《よしだしげる》首相によってなされた「自衛隊は戦力ではない」という国会答弁が、政府の公式な発言として引き続き残ってしまうのです。戦力ではないとなると、本来はシビリアン・コントロール（文民統制）の対象でもないはず。誰も警察にシビリアン・コントロールすべきなんて言いませんからね。

一応定義を簡単にここで言っておくと、シビリアン・コントロールとは、軍の政治介入を防ぎ、民主的な意思を反映させるため、軍人ではない文民（シビリアン）が統率するという原則です。日本には内閣総理大臣や国務大臣は文民でなければならないという憲法上の規定があるので、行政府のシビリアン・コントロール下におかれているというのはよく知られています。しかし、現状、立法府によるシビリアン・コントロールという概念は世間にも国会にもほとんど意識されていない。それを憲法に書き込むべきだと安倍総理には申し上げました。

猪瀬　立法府の指揮下にあるとする場合、どのように規定すればいいのか。

三浦　指揮下ではないのだけれど、まさにコントロールが必要です。憲法典の国会の章で書くか、九条に入れるか。開戦権限の規定がまずあるとよいでしょう。自衛戦争の開戦は法律事項（法律の部分として議論すべき話題）では特別措置法によって国会の承認が必要とされています。しかし、それをより上位の法である憲法事項にして国会が宣言する、もしくは承認する形にすべきです。
　いわゆる開戦権限を国会に与えるということなので、当然、その前提として国会が日頃から軍事についての情報を持っていないといけません。現在は、軍人が国会で答弁する慣習が現在、日本にはありません。今後、軍人に国会で答弁をさせることで、国会もわがこととしてシビリアン・コントロールの主体となるのです。軍事機密も扱うことになるでしょうから、秘密会合をめぐる規定や守秘義務についてもしっかり運用する必要がある。いまの与野党の現実を見ているとすごぶる心許ないですが。責任を与えることで成長を促すという意義もあると思っています。

猪瀬　そうすると、どう書き込めばよいのか。

三浦　憲法事項と法律事項、慣習に分けて考え、整理して取り入れるべきです。開戦の承認とこれから申し上げる調査委員会の設置は憲法事項とすべきです。

猪瀬　開戦の承認は九条三項に入れられるかね。

三浦　国会の章のほうがよいでしょうね。

猪瀬　そうすると、三項には「自衛隊があります」という規定だけ。

三浦　三項は、自衛隊と内閣総理大臣の最高指揮権の明記です。開戦に国会の宣言もしくは承認が必要であるという規定は、国会の部分に条項を新設して明記する。

猪瀬　アメリカの憲法ではそこをどういうふうに書いていますか。

三浦　アメリカの陸海空軍は、議会によって設置されます。国王の軍隊となってしまうことを恐れていたので、イギリス流にならないように議会が決めることにしたのです。そもそもアメリカは大統領制であり議院内閣制ではないので、そのように議会の強い権限を憲法上明記しておかねばならないのです。また、戦争権限法によって、開戦権限は議会にあります。

日本の官僚はほとんどシビリアン・コントロールを体系的に理解していないので、立法府によるコントロールということを憲法事項にしておく必要があると思います。もちろん国会は内閣不信任案を提出することができるのですが、シビリアン・コントロールに国会が関与するという自覚を育てないと大変なことになります。縦のラインの警察型の指揮系統だけでは不十分なのです。

猪瀬　それでは行政府のシビリアン・コントロールだけになるという意味だね。

三浦　そうです。自衛隊が軍隊として民主的に統制されるためには、行政府と立法府によるシビリアン・コントロールの規定が必要です。先ほどは開戦の承認の話をしましたが、私はそれに加えて国会による調査委員会設置の権限が必要なのではないかと考えています。軍が戦場で不祥事を起こしたり、あるいは行政府の命令により深刻な犠牲を出したりしたとき、現場で何が起きていたのかを専門家の協力を得ながら国会が調査する権限です。さらには、軍事法廷など特別な形で軍を裁く規定を入れる必要があります。軍事法廷の終審は、引き続き最高裁でよいと思います。

九条三項を作る安倍提案

三浦　ただし、いまの政権が検討している改正案はそこまで踏みこんではいません。安倍総理が五月三日の憲法記念日に保守派の集会で、ビデオメッセージを流しました。そのなかで、憲法九条の一項と二項を残したまま、三項を付け加えたらどうかと主張しましたが、これは従来の公明党の主張に近いものです。私は原理原則論として九条二項を削除し、シビリアン・コントロールに位置づけるべきだという主張です。

猪瀬　三浦さんの立場を詳しく聞かせてもらっていいかな。

三浦　私は、九条二項削除の意義は大きく二つあると思っています。

第一は、日本にまっとうな安全保障論議を根付かせること。安全保障について語ることが、いつまでも憲法解釈をめぐる神学論争であっては困るのです。

猪瀬　まさにその通りだね。現実から遊離してしまう。

三浦　北朝鮮が事実上の核保有をし、中国の軍事的台頭が続き、米国が帝国の座を降りようとする今日にあって、この国にそんな神学論争を国会の場で繰り広げて満足しているような余裕はありません。防衛費のどの部分を重点的に増加させるべきか。ミサイル防衛なのか、敵基地攻撃能力なのか、それよりも、既存部隊の人員増や運用能力の強化が優先されるべきか。日本が直面する安全保障上の課題はリアルなものであり、その解もまたリアルでなければなりません。

九条改憲は国民を分断し、安保論議を停滞させるという意見もありますが、私はその立場には与《くみ》しません。九条改憲を避けては、いつまでも神学論争が続いてしまいます。それはいまの世代で決着をつけるべきことです。

第二の意義は、統治の根本にあるごまかしを排することです。「戦力は保持しない」し、「交戦権は認めない」けれど、自衛隊は持っている。法には一定の解釈論がつきものですが、国の根幹にかかわる部分について中学生に説明できないような文言でいいはずがありません。安倍総理が提起するように、九条一項二項をそのままに、自衛隊を明記したとしてもこの問題は解決しません。「戦力」ではないところの「自衛隊」とはいったい何なのかという、頓珍漢《とんちんかん》な議論がずっと温存されてしまうでしょう。

本質的には、国民主権の日本が、軍隊という市民社会からは異質な存在を抱えながら、どのように生きていくかという問いと向き合うということです。これは、すべての成熟した民主国家が抱える安全保障とシビリアン・コントロールをめぐるジレンマであり、避けては通れないものです。それぞれの国が、歴史の蓄積と、政治の知恵と、国民の良識から解を紡いでいかなければなりません。ですので、自衛隊は明確に「軍」として位置づけるべきです。

民事とは異なる論理で動かざるを得ない軍に付随するものとして、軍事法廷も設置すべきです。また兵士の顕彰についても、慰霊についても考える必要がある。国策を誤らせた旧軍のところどころの反省点は明確にしながら、それでいて、その伝統にも一定の敬意を表するという難しいバランスが求められるのです。

猪瀬　なるほどね。

三浦　ですので、私の立場からすると安倍提案はこれまでのいわゆる護憲派に近い、中途半端なものに思えます。政権や与党は二段階論で考えていて、自分たちの世代では第一次改憲しかできないと考えているようですけどね。

　もちろん、民主主義の政治では折り合いをつけることも必要です。自衛隊を法的に位置づけるためには、民進党も乗れる超党派の改憲案が望ましいという考え方はあるでしょう。今回、安倍総理は公明党に譲ったわけですが、では民進党に譲るロジックとしては何がありうるかというと、それこそ立法府によるシビリアン・コントロールだと私は考えています。

　ここでの素晴らしさは、民進党のような野党に花を持たせる政治的妥協とシビリアン・コントロールをはじめとする政軍関係の理想的なあり方が一致しているというところにあります。実際に自衛隊をめぐる神学論争ばかり国会で繰り広げてきた結果として、自衛隊の予算や人員、装備、運用にかかわる国会の権能はないに等しいのが実情です。

猪瀬　国会の予算委員会は必ずしも予算の審議をするわけではないからね。財務省が予算を決めてしまい、ほとんど国会では修正されることはない。

三浦　軍を海外へ派遣するか否かについても、各国は徹底して議論します。イラク戦争の時、ドイツ、フランスは結局反対し、イギリスやスペインは賛成した。お隣の韓国は左派系の盧《ノ》武鉉《ムヒョン》大統領が政権にありましたが、イラクに戦闘部隊を増派するべきか否か、国益の観点から侃々諤々《かんかんがくがく》の議論をしています。ところが、日本の国会ではそういう議論はなされず、憲法違反かどうかということで議論が終わっている。何のための議論なのか。本来は国益として何があって、それをどう達成するべきかという議論がなされたうえで、法的な制約などの話に移るべきではないでしょうか。

猪瀬　その通りだと思う。

安倍総理は、九条に三項を付け加えるとしたのは、これなら念願の憲法が改正できると踏んで提起しているだけにみえる。

三浦　おそらくこれだったら通るという見込みでしょう。自民党の長老たちは、いままで砂川《すながわ》判決を援用したロジックを用いて説明してきました。砂川判決というのは、米軍立川《たちかわ》基地の砂川町（現在の立川市）への拡張計画に反対する砂川闘争で、一九五七年に反対派が基地内に立ち入ったのが、日米安全保障条約に基づく行政協定違反だとして学生ら七人が逮捕された事件で下された最高裁判所の判決のことです。この判決では「憲法九条は自衛隊を否定していない」として自衛隊合憲論を打ち出しています。

しかし、九条三項加憲論を採るならば、九条二項を「前項の目的を達成するため」と解釈する芦田修正論を採らざるをえないでしょう。日本政府は決して正面からは認めないでしょうが。芦田修正論を採れば、九条二項は侵略のための軍隊を否定しているにすぎなくなるので、新設する三項と矛盾が生じない。二項が死文化するだけで済むわけです。そうやって、とにかく憲法を改正する。自衛隊を軍隊として位置づけるのは、改憲後に徐々にやればいいというのが自民党の考え方なわけです。

猪瀬　ところで自衛隊という名前を変えるつもりはないのだろうか。

三浦　変えないような印象を受けましたね。

猪瀬　三項を付け加えて、自衛隊の存在を認めれば、法整備ができるかどうかだね。

三浦　私は学者の仕事として正論を言わせてもらいます。ごまかしを排し、九条二項を廃止し、文民統制を書き込むのが本来の筋です。

猪瀬　当然議論して書き込むべきだね。三項を付け加えるだけならば護憲派からも了解は得られるのだろうか。

三浦　九条を変えるべきではないと思っている人でも、自衛隊を真正面から否定する人は決して多数派ではありません。加えて公明党が賛成するであろうことが大きいでしょうね。

猪瀬　反対する理由がなくなるから、共産党以外はみんな賛成できる。そういう落としどころを最初に示した。

三浦　本来、もっと大きな改憲を主張してきた右派が安倍総理に付いてきていることも大きいです。この前、麗澤《れいたく》大学の八木秀次《やぎひでつぐ》さんにテレビ番組のためにインタビューしました。ちょっとイジワルだったかもしれないですが、「もう疲れちゃったんですか？」と聞いたらどうもそのようなのです。そんな身も蓋《ふた》もないことを右派が考えるほど、日本全体が神学論争に飽き飽きしているのでしょう。

この「疲れちゃった」というのは、今の論壇の本質ですね。日本の右派はいまイデオロギーではなく、相手が友か敵かで動いている。自分の敵に対して明確なポジション取りができれば動くのです。仮に憲法九条三項の「加憲」をもし民進党が政権時代に出してきていたとしたら徹底的に叩《たた》いたと思います。つまり中身で態度を決めているのではないということです。

それは私からすれば、普遍的に物事を考えていないという証左に見えます。多くの政治家や論客は、加憲ができれば仕事は終わったと思うでしょう。ところが、安全保障と民主主義の両立をめぐる問題というのは、まさにそこから始まるのです。

猪瀬　これからの国益のための改憲論のはずが、目的になってしまっている。

三浦　もちろん、これは別に右派の論客だけの問題ではありません。左派でも同様で、安倍政権下では加憲は認めないという発言が相次いでいます。問題は論点ではなく、好悪感情であると。というのも、日本人はおそらく、普遍的な原理原則よりも気持ちが通じ合っていることのほうを大事だと思っているからです。

本来、いつ、いかなるときに戦争し、いつ踏みとどまるべきかは、国家が立憲主義に基づき、きわめて普遍的な原理原則に則《のっと》って決定すべきものですが、日本にはそれがない。いわば、法治ではなくて人治なのです。

「いやな感じ」の正体

三浦　TBSのラジオ番組「セッション22」で、荻上《おぎうえ》チキさんが憲法学者や安全法制・政軍関係の研究者を招いて話すのを聞いたのですが、学者の間でも見解がみごとに食い違っていました。

猪瀬　どのように違っていたのか。

三浦　憲法学者は東京大学の石川健治《いしかわけんじ》教授でした。石川さんは私の『シビリアンの戦争』（岩波書店）をお読みいただいています。開戦の危険性から言えば、シビリアンの方が危うくて、軍の方がむしろ抑制的になることが多いという実態を本を引きながら、ラジオでも話しておられました。

しかし、結論としては、憲法九条二項があることによって、自衛隊を完全に認められない（いわば非嫡出子的な）地位に止《とど》め置くことができるから、全体としてシビリアン・コントロールが利いているというロジックで話されていました。非嫡出子はいわば、婚姻制度を守るために罪のない子を差別する制度であり、明らかな人権侵害でありながら長らく温存されてしまっていました。しかし、自衛隊をそこまで頼り、抑圧しながら守ろうとしているものはいったい何かというと、それは単に軍隊を持たない国であるという虚構でしかない。哲学者のカントの禁ずる、少数者を多数者のために抑圧したり負荷を課したりする発想そのものです。

猪瀬　これまで僕らが議論してきたのは、認知しないといけないという立場だけど、憲法学者の一部は非嫡出子だからコントロールが利いていると考える。

三浦　そうです。だから、憲法で規定されない日陰者という位置づけをされていることがむしろいいのだというロジックです。これは東大の樋口陽一《ひぐちよういち》さんあたりから始まったロジックです。しかし、政軍関係研究を民主国家で積み重ねてきた人は、誰であっても即座にそのような仮説は却下するでしょう。

石川さんは、安保法制に反対する記事「『いやな感じ』の正体」(朝日新聞2014年6月28日)を出しました。これはずいぶんと話題になった記事です。

猪瀬　どういう記事だろう。

三浦　高見順《たかみじゅん》の長編小説『いやな感じ』の主人公である「俺」について論じています。俺は時代の閉塞感にいら立つ反インテリの労働者で、軍部に反感を抱いていたのだけれども、満州《まんしゅう》事変を機に大きく変わっていくわけです。その「俺」の変化を引き合いに出して、石川さんは憲法を国民の手に取り戻すという最近の政治の動きに対して、生理的な拒否感を抱いている、としています。

それだけでなく、集団的自衛権の行使容認を主張する政治家たちはアマチュアで、防衛官僚のOBが否定的な意見を述べても意に介さず、権限の乱用が危惧《きぐ》されるとも言っている。「いやな感じ」の正体は複合的なのですが、そこには個の否定と他者の不在が含まれているのは間違いない。だから、支配的な価値観だからと言って押し切らないでくれと、彼は徹頭徹尾、書いている。要は、自分はこの流れに乗れないということを、高見順を引きながら書いているわけです。私はそろそろそのような少数派の嫌悪感だけに立脚しない、制度や思想の議論が必要だと思います。

猪瀬　でも、高見順は労働者ではないから、それはレトリック（修辞技法）だよ。
三浦　レトリックですね。
猪瀬　ほんとうの労働者の気持ちを代弁していればおもしろい論考になったと思うけど。高見順はその小説をいつ頃に書いたのかな。
三浦　一九六三年です。文藝春秋新社（現文藝春秋）から『いやな感じ』という本を出しています。
猪瀬　そうすると、六〇年安保の後になる。既に高度経済成長が始まっている。高見順には申し訳ないが、いわゆる進歩的文化人が論壇の主流なので、それに振り回されているだけの私小説家はたくさんいた。

憲法学者の解説

三浦　猪瀬さんは、安倍総理の提案をどう見ていますか。
猪瀬　まず、やるならきちんとやったほうがいいと思う。
三浦　三項を付け加えるのでいいですか。
猪瀬　いや、三浦さんの言うように二項から変えるのが筋だと思うけれども、安倍総理はそこまでやる気がないわけでしょう。憲法を改正するためには国会の三分の二の賛成がないといけないわけだから、実際上できるのはこれしかないという現実的な判断だろう。

三浦　三項を付け加えるだけでも意味があると思いますか。

猪瀬　意味はあると思う。

ＧＤＰ（国内総生産）の一パーセント、五兆円もの防衛予算がブラックボックスになっているわけだから、自衛隊の存在が憲法で認められれば、自衛隊法や関連する法律を改正して、自衛隊の編成に踏み込んで議論ができるようになると思う。

それに実際問題として、国民は自衛隊の存在と向き合っていない。災害救助で活躍しているが、安全保障のために存在している事実上の軍隊であることから眼を逸《そ》らしたままだから。

三浦　三項を付け加えれば、まず自衛隊が違憲ではなくなります。しかも、二項が死文化すれば、自衛目的であれば自衛隊を持っていいことになります。ただ、二項を変えないでおくと、先ほども申し上げたような自衛とは何かという神学論争は残るのです。

猪瀬　たしかにまた不毛な論争を繰り返す余地が残る。

三浦　護憲派の憲法学者の一人、早稲田大学教授の西原博史《にしはらひろし》さんにもインタビューしました。九条三項の加憲が国民投票で通ったら憲法が改正されるわけですが、「解釈はどう変わるのですか」と質問したら、「九条二項を事実上、死文化させたと言っても、政府による説明が十分でないので、国民が意図的に九条二項を死文化させることを選択したとは見なさない」と答えておられました。

猪瀬　要するに、どういうこと？

三浦　九条の二項が新しい三項と矛盾しますね。従来の政府解釈に則れば、二項は交戦権の否定と、陸海空軍その他の戦力を一切保有しないということです。つまり、戦力以下の存在としてごく限られた場合に自衛戦争ができるだけであるということです。三項が加わると、こちらが最新の国民の意志となります。安保法制で認めた集団的自衛権行使の一部容認が違憲であると考えてきた憲法学者の多くからすれば、当然、現状の自衛隊はそのままでは認められない。ただし、改憲手続が有効だとすれば否定できない。そうすると、新たな民意が憲法制定時の民意を上書きするので、二項が死文化したと見なさなければいけません。しかしながら政府の二項死文化についての説明は不満足な内容に止《とど》まることが予想されるので、西原さんは、死文化したことが国民の明示的な選択であるとはみなせない、と主張します。つまり上書きすること自体ができなくなる。結果的に、二項と三項では、矛盾が生じている状況が生まれる、というのが西原さんの解説でした。

猪瀬　でも、二項は一項に基づいて侵略戦争のための軍隊を持たない、自衛のためなら、とも解釈できるわけでしょう。先ほどの芦田修正論では。

三浦　しかし、先ほども話しましたように、どの内閣も芦田修正論を採用していないし、最高裁も採用していないのです。

自民党副総裁の高村正彦《こうむらまさひこ》さんに、対談本（『国家の矛盾』新潮新書）のなかでうかがいましたが、集団的自衛権の時に砂川判決を持ってきて根拠にしなければならなかったのは、最高裁の判断が砂川判決しかなかったからです。高村さんは公明党と折り合うために、最高裁が採用しているロジックのなかで詰めていくことにしたのです。これが、自公協議で折り合う最大のポイントになりました。

猪瀬　砂川判決では、自衛隊は合憲とされたわけだね。

砂川事件の報道は僕はいまでも覚えている。一九五七年に東京都下砂川町で米軍立川基地の拡張に反対するデモ隊が立ち入り禁止区域内に侵入した。「日米安全保障条約第三条に基づく行政協定に伴う刑事特別法第二条」に該当するとして七人が逮捕・起訴された。一九五九年の東京地裁は、「駐留米軍への立ち入り等を禁じた刑事特別法は違憲無効」として、無罪としている。その年の十二月、最高裁は地裁判決を覆すことになった。
　僕は小学生だったけれど、毎日のようにラジオで基地反対派と警官隊の衝突のニュースが流れていた。まだ、テレビはなかったころだよ。当時、映画を見に行くと、三浦さんには信じられないかもしれないけど、映画館でニュース映画をやっていた。映画が始まる前にいまだと予告編をやるでしょう。あれの代わりに五〜十分ぐらいニュース映画が放映されていた。
三浦　VTRみたいなものでしょうか。
猪瀬　そう。フィルムだけど。そこで、学生たちと機動隊が激しく乱闘している砂川基地闘争の映像が流されたので、子ども心に「すごいことをやっているな」と思って見ていたんだ。地主である農家は「アメリカ帰れ」と絶叫していたから。
三浦　いまの沖縄で一部の活動家たちが行っていることと同じ風景ですね。
猪瀬　その砂川裁判で、自衛隊が合憲か違憲かが審理され、最高裁で自衛隊は合憲であるという判決が下された。その合憲についての書き方がまわりくどい。

　そこで、右のような憲法九条の趣旨に即して同条二項の法意を考えてみるに、同条項においで戦力の不保持を規定したのは、わが国がいわゆる戦力を保持し、自らその主体となってこれに指揮権、管理権を行使することにより、同条一項において永久に放棄することを定めたいわゆる侵略戦争を引き起こすがごときことのないようにするためであると解するを相当とする。従って同条二項がいわゆる自衛のための戦力の保持をも禁じたものであるか否かは別として、同条項がその保持を禁止した戦力とは、わが国がその主体となってこれに指揮権、管理権を行使し得る戦力をいうものであり、結局わが国自体の戦力を指し、外国の軍隊は、たとえそれがわが国に駐留するとしても、ここにいう戦力には該当しないと解すべきである。

僕は六〇年代前半に高校に入るのだけど、そのころ、地元の放送局が、自衛隊に入隊させられそうになった若者が逃げるというドキュメンタリーをやっていたのを覚えている。つまり、自衛隊は日陰の存在として扱われていた。僕が認知すべきというのには、こうした原体験があるから。三百万人の自国民が死んだ戦争に対する反省とはいえ、非武装中立の国家などあり得ない、という常識は当時はまだ希薄で、自衛隊＝軍隊＝けしからん、という図式だった。

三浦　それで、砂川判決で自衛のために必要最小限度は認められましたが、軍ではないというのが最後まで残っています。元防衛大臣の石破茂さんのように芦田修正論を取れば、九条二項がそもそも意味のない規定になるのですが。

おそらく次の改憲論議では、自民党は芦田修正論に寄せた解釈を打ち出してくるでしょうから、これまで言っていたこととはちょっと違う主張になるでしょう。

先ほど名前を出した麗澤大学の八木さんは、いまの自衛隊は九条二項が禁止する戦力に至らないレベルであり、三項を加えることは現状を既成事実化するだけでなく、法的に位置づけるものだから、ほとんど変化は起きないと見ています。

猪瀬　二項では「陸海空軍その他の戦力はこれを保持しない」となっているから、戦力ではないということになる。

三浦　そこが一番の問題だと私は思っているのです。自衛隊は世界有数の軍隊としてどう見ても「戦力」ですよ。戦力でないということは、中学生にも、外国人にもまともに説明できないでしょう。戦力は戦力として認めるべきなのです。

猪瀬　芦田修正論ならいいけれども、そうでないと戦力を保持しないという規定が残ってしまう。三項で自衛隊を認めても、自衛隊は戦力ではない、とそのままになるわけだ。

政官関係と政軍関係の違い

三浦 自衛隊を軍隊とすることで、より自覚的な政軍関係を築くことの意味は非常に大きいものです。私はシビリアン・コントロールそのものがきちんとした形で理解され、成立していないことを最も問題視しています。自衛隊が軍でないと、政軍関係、つまり政治と軍隊の関係でなく、政官関係、つまり政治と行政の関係になってしまうからです。

政官関係では、行政がコントロールするだけでいいのです。それに対して、政軍関係では、行政と立法府がコントロールするのに加えて、市民社会による規範的な縛りもあります。あるいは、官僚組織と異なり裁量の度合いも平時と有時で劇的に変わります。委任一つとっても、その考え方には高度な議論が必要です。一番大きいのは隊員に非合理的な犠牲(=死)を時に要求せざるをえないことの効果でしょう。実に奥が深く、民主主義社会の根本にかかわる学問なのです。

猪瀬 軍隊ならそれを制御するという思想がなければいけない。軍隊でないなら、ただの役所にすぎない。

三浦 政官関係と政軍関係では構造が全く違うということを理解しないといけないのです。

ところが、行政学の教科書でもチラッと表が載っている程度で、政軍関係の知識の蓄積はほとんど反映されていません。言ってみれば、議論がクラウゼヴィッツの時代で止まっていて、しかも表層的。「軍隊は民主的な指導者の命令に背いてはならない」といった基本的なことしか書いていなくて、立法府との関係や陸海空軍相互の牽制《けんせい》がシビリアン・コントロールに及ぼす効果などの細かい議論が一切ないのです。

猪瀬　そうなると、やはり九条二項を削除しないとダメということか。

三浦　九条二項は残さないほうがいいです。もし残すのであれば、芦田修正論を取るしかないでしょう。

猪瀬　九条二項には、戦力を保持しないと書いてあるからね。でも、そうすると、九条三項で規定する自衛隊とは何なのか。

三浦　芦田修正を採らないなら、それは相変わらず、戦力以下のものです。現状と何にも変わらない。

猪瀬　変わらないね。

三浦　ただ、自衛隊が違憲だとは言えなくなる。

猪瀬　違憲ではないけれど、戦力以下である。戦力以下だとすると、編成や調達、衛生兵の問題などの解決ができるのか。

三浦　衛生兵は整えられるかもしれませんが、世界では誰もやっていない集団的自衛権と個別的自衛権の細かい区別の議論も続いてしまう。攻撃的な兵器を持ってはならないという縛りは残るし、軍という呼び名も使えません。

猪瀬　「自衛隊あります」だけだなあ。

戦力でない自衛隊って何なのだろうか。戦闘機や戦車や駆逐艦を揃えているので、明らかに沿岸警備隊（海上保安庁）ではない。

三浦　郷土防衛軍を作れないので、代わりにプロを雇いました、ということですが、その処遇は明らかではありませんね。軍事法廷も作れないわけですから。

猪瀬　戦力でない自衛隊というのは、やっぱりおかしい。そうなると、実質的にアメリカの属国のままの意識でしか考えないことになり、日本は架空の国「ディズニーランド」のままであることに変わりがない。

稲田朋美という問題

猪瀬　こうした本音の防衛論をすべきときに、稲田朋美《ともみ》さんが防衛大臣を務めていたというのは不思議でならない。失態も多々出ているのに政権の扱いはきわめて甘い。日本会議に近く、憲法改正を主張しているから可愛がってあげるというのでは、ちょっとレベルが低すぎる。二〇一七年七月にワシントンで開催される予定だった日米の外務・防衛担当閣僚による会議、通称2プラス2も延期になった。

三浦　延期になりましたね。アメリカ側から待ったをかけられたようです。

猪瀬　稲田さんが八月初旬の内閣改造の前にも防衛大臣を辞任するのが目に見えていたせいだろう。さきほども述べたが、トランプ大統領は軍隊と安全保障の問題についてはアメリカ中央軍司令官だったジェームズ・マティスを国防長官に起用した。軍事のプロを含めた幅広い層から認められた人物であることをはっきりと示して国防長官に指名した。

三浦　あれはいい人事でした。何せ、渾名《あだな》がファイティング・フィロソファー（戦う哲学者）です。

猪瀬　稲田さんははっきり言って安倍総理以外の誰かに認められていたわけではなかった。そもそも防衛や安全保障は国民の命がかかっているわけだから、専門知識や知見がない人物が務めるなんていう選択は本来ありえない。稲田さんが自衛隊の閲兵をしている姿を見て、僕は「この人で大丈夫か」と底知れぬ不安を覚えたよ。

三浦　たとえば国会答弁の安定性には問題もありましたけれども、元防衛大臣の中谷元《なかたにげん》さんのほうがまだよかったです。

猪瀬　中谷さんは陸上自衛隊出身だから、国に命を預けている自衛官に殉じる気持ちがある。稲田さんにはそういうものが感じられない。

三浦　ないんでしょうね、おそらく。

猪瀬　集団的自衛権の行使や憲法改正に取り組んでいるのに、なぜ稲田さんのような足下の弱い人を防衛大臣にしたのか。言ってしまえば稲田さんが自民党の政務調査会長（以下、政調会長）になったときも、「この人がなぜ政調会長なのか」と疑問に思った。政調会長は党の政策を立案するトップだから。

三浦　稲田さんが防衛大臣になったとき、私はインターネットの番組で、適任ではないが「安倍総理は防衛政策を官邸主導でやるつもりだからだろう」と解説しました。でも、実際に防衛大臣になると政権にとってコストやリスクの高い言動を繰り返してしまった。外務大臣の岸田《きしだ》文雄《ふみお》さんのように、官邸主導に従いつつ官僚の意見を汲《く》み取って手堅く実務をこなすというスタイルならば、それはそれでいいのかもしれませんけども、稲田さんはそうではなかった。

猪瀬　岸田さんは外務省の言う通りにそつなく振る舞っていたようにみえるね。

三浦　稲田さんは南スーダンのＰＫＯの答弁でも問題発言がありました。本来もっと早く辞任すべきだったのに、結果的に官僚にさえ反抗され、政権にダメージをもたらしました。都議選の応援演説で、「防衛省、自衛隊として」と投票を呼びかけた事件に至っては、絶句してしまいましたね。

猪瀬　南スーダンの問題というのは、文書隠しのことだね。

三浦　南スーダン現地でＰＫＯに従事している自衛隊の日報の存在を陸自が隠し、統幕も隠していたことが発覚しました。なぜ隠したかというと、「戦闘」という言葉が記されていたからです。

猪瀬　「戦闘」と「戦闘行為」の違いだな。

三浦　ＰＫＯは内閣府の所管ですが、そこに外務省から出向していた責任者の方の説明によれば、外務省的な法律用語の「戦闘行為」というのは私たちが日常的に使う戦闘と違って、ＰＫＯを派遣する前段階で交戦主体と認められた人たち同士による戦闘を指しています。

ところが、南スーダンの場合、当初はスーダンと南スーダンの争いだったので両国軍が交戦主体だったわけですが、南スーダンが独立して以後は南スーダン国内で新たに内ゲバが行われてきました。その新勢力はまだ交戦主体として認定されていないので、南スーダンでは「戦闘行為」は行われていないことになるという論理構成なのです。だから、PKOでも実際に銃弾が飛び交う状態になっても、「戦闘行為」と認定しないわけです。

猪瀬　それが外務省の言い分か。

三浦　でも、それは言葉遊びにすぎません。私たちが気にしているのは、法的な意味合いでPKO五原則に触れるかどうかという外務省的な「戦闘行為」の有無ではなく、自衛隊員が実際に戦闘に巻き込まれるリスクであり、あるいは現地の住民を助けたいというときに、何ができるか、ということですよ。

誠実な答弁をなぜできなかったのか

三浦　稲田さんがたとえば、PKO五原則のまやかしを意識しつつ、苦しいけれども誠実な答弁をすれば株を上げていただろうと思います。ところが、彼女は内局などの文官のレクそのままに「戦闘行為とは認められない」という発言で押し切ろうとしたので、反発が広がって失敗した。

猪瀬　自衛隊の制服組には、戦闘についての報告は上がってきていたという。

三浦　そうです。当然、海外メディアにも報じられているような戦闘の報告が日報には記されていました。

猪瀬　南スーダンでの自衛隊のＰＫＯの実態はＮＨＫスペシャル（5月28日夜9時）で報告されていたが、自衛隊の駐屯地のすぐ脇で激しい戦闘が行われていた。

同じ駐屯地内に駐屯している別の国が逃げてきた避難民を受け入れたら、攻撃されたので反撃して戦闘になった。自衛隊員はなす術《すべ》もなく宿営地に籠《こ》もってやり過ごすしかなかったのだけど、なかには遺書を書いていた隊員もいた。

あれは間違いなく戦闘だよ。自衛隊のテントの隣の他国のＰＫＯ部隊のテントが銃撃を受けて実際に死者が出ているわけだから。

三浦　日報はすごく重要なデータなのに、問題になったことでジャーナリスティックな言葉で書くべきではないということになってしまった。現場の実情を知ることができるレポートが上がってこなくなるような先例をつくったわけだから、これは稲田さん個人の問題を越えて日本政府にとって深刻な問題です。

猪瀬　加えて稲田さんは、ほんとうは自衛隊の側に立たなければいけなかった。

三浦　防衛大臣には二つの側面があって、片方ではシビリアン・コントロールを利かせるべく、総理大臣の命を受けて動くことが求められます。もう片方は、実は組織を代表し国会や閣議に臨むことです。制服組のトップたちは少なくとも当初は稲田さんにどちらかと言えば寛容だったと思いますが、それは稲田さんが素人であり御しやすい大臣、と思われたからでしょう。ところが、次第に危機の時に組織にとって頼りなく答弁が拙《つたな》い大臣であることがわかってきた。下手に情報を出せば政治的に乗り切れないと思われたのでしょう。蚊帳《かや》の外に置かれていたということもあったかもしれません。

　陸自が日報隠しをしていたことも、少なくとも二月の中旬までは稲田大臣に報告が上がっていなかった。力不足を見透かされていたわけですが、彼女はその状況をハンドルできなかった。

猪瀬　そうすると、稲田さんはどうすればよかったのかな。

三浦　ＰＫＯ五原則によれば、戦闘があった場合には撤収できるとなっているけれども、南スーダンでは交戦主体が認定されていないので戦闘行為とは言えない。だから、自衛隊はいま苦しい状況に置かれているけれども、まだ耐えられる。何よりリスクがあるからと言ってここで退《ひ》いたならば多数の民間人が殺されてしまうかもしれないと思っていると訴えればよかったのです。

猪瀬　そして、日報の存在も認めればよかった。

三浦　情報公開は行政文書であったとしても、隊員や現地住民の安全に支障をきたしかねない部分を黒塗りして出せばよいのです。そもそも駆けつけ警護を付与する段階で政治的にシビアだからこそ陸自が忖度《そんたく》したのでしょうが。自衛隊が現場から報告を上げにくくするのはよくない、われわれ政府の側にまやかしがあってはならない、と反省を込めて言えばよかった。それを、忖度させた張本人でありながらいきなり特別防衛監察に丸投げするとはまるで責任逃れです。組織は必ずそうした欺瞞《ぎまん》を読みとります。頼りない親分であるうえに責任をとらないというのは組織の首を絞めますからね。

猪瀬　そういうことだね。

三浦　稲田さんは軍のコントロールと組織利益の代表という防衛大臣としてすべき二つの職務を全くこなしていませんでした。

猪瀬　さらに、二〇一七年夏の東京都議会議員選挙で自民党候補の応援演説に立って「防衛省・自衛隊としてもお願いしたい」と言ってしまった。明らかに、行政の中立を逸脱する失言だった。

三浦　アメリカで軍務経験のない政治家があんなことを言ったら冗談でなくボコボコにされると私は解説しました。ミリタリーとして上官を尊敬できるか否かはかなり重要な要素で、軍務経験も知識もない上官が「アメリカ軍としても共和党を支持する」と言ったら「おまえ、誰だよ」となります。「君たち政治家は選挙で選ばれたから仕えているけれども、オレたちは君と違う意見を持っているさ」ということになりますよ。

ただ、日本の特殊事情として自衛隊の保護者は自民党しかいない。だから、自民党は無理筋の要請やら解釈やらを押し付けて、かつ都合の悪いときには自衛隊を抑圧してきたわけですが、自衛隊はずっと我慢をしてきました。二〇〇九年の政権選択選挙では、民主党（今の民進党）に投票した自衛官は決して少なくなかったらしいです。

猪瀬　自民党によるいじめに近い状況に耐えかねて、変化を期待したと。

三浦　まともな安全保障政策や、まともな自衛隊の地位を求めていたと思います。

猪瀬　政権交代が起きれば、日陰の身から脱することができるかもしれないから。

三浦　旧民主党内でも、政治家たちは政権に就いている間、自衛隊の言い分に耳を傾けていた。ただ、民主党が野党に転落した後、彼らの自衛隊に対する姿勢は百八十度転換し、その変節ぶりは甚だしかった。政権のごまかしを衝《つ》くほうが簡単に見せ場を作れますから。

九条二項の死文化とは

猪瀬　仮に南スーダンでのPKOの最中に自衛隊員が亡くなったらどうなっていたことか。

三浦　現状では、事故扱いにするしかないでしょう。弔慰金を出すことは決まっていますが、それ以上のことはできないのです。この国は、戦争はしないことになっているというのが前提ですから。だからこそ、国民も自らの選択で自衛隊の犠牲を生んだという意識に乏しい。

猪瀬　日清戦争や日露戦争では、天皇による開戦の詔勅が出され、「国際法に則って戦争をします」と宣言している。

それぞれ「苟《いやしく》も国際法に戻らざる限り各々権能に応じて一切の手段を尽すに於《お》いて必ず遺漏なからむことを期せよ」（「清国に対する宣戦布告の詔」）「凡《およ》そ国際条規の範囲に於て一切の手段を尽し清算なからむことを期せよ」（「露国に対する宣戦布告の詔」）と国際法遵守を謳《うた》っていた。

ところが、太平洋戦争のときには「国際法に則って」というくだりが落とされてしまった。なぜ落とされたのかはいまだに謎が残るが、このくだりが削られたことで、捕虜の扱いが杜撰《ずさん》になってしまった。その結果、敗戦後、現場の指揮官だった将校や下士官らがBC級戦犯として裁かれた。捕虜を殺したり虐待したりしたのは国際法違反であるとして死刑にされている。

また中国大陸での戦争が長引き、戦地では兵士たちの士気が低下していた。戦争を「事変」と表現していたので宣戦布告の詔勅すらない。日中戦争における戦争の大義はわかりにくかったので、上官暴行、戦場離脱、放火、略奪が横行していて、その報告が上がってきていた。陸軍省は、危機感を深め対応策に苦慮し、戦意を高揚させるために兵士にわかりやすい心得を押しつける必要に迫られる。その結果一九四一年（昭和16年）一月、陸軍省は「戦陣訓」を発表する。「生きて虜囚《りよしゆう》の辱《はずかし》めを受けず、死して罪禍の汚名を残すことなかれ」という一文が入ったために、その後の日米戦争では、太平洋の島々で兵士たちが捕虜にならずに玉砕したり自決したり、悲惨な事態を引き起こしていった。

こうした歴史を振り返っても、自衛隊もきちんと位置づけをしないといけないことは明らかだ。ただ驚くべきことに捕虜取扱法ができたのは何と二〇〇四年、小泉《こいずみ》内閣の石破茂防衛庁長官時代だった。そのぐらい日本の国防意識は現実離れをしていた。

憲法を改正して九条三項で自衛隊を規定したとして、そこから自衛隊法の改正とか、下位に当たる法律がいっぱいできるはず。そこにどこまで具体的な事柄を書き込めるかを議論しなければならない。

三浦　ただ、これまでにも申しましたが、九条に三項を付けるだけでは現状維持で何も変わりません。本来はここで議論してきたような目的のために、憲法改正という手段が用いられなければなりません。本末転倒しているのです。結果的にどこに落ち着くかはわかりませんが、九条改憲の議論を始めたのはいいことです。

国会の議決がなぜ必要か

猪瀬　支持率が下がった安倍総理のライバルとして再び浮上してきた石破茂衆議院議員だが、二〇一〇年八月二日の国会予算委員会、菅直人《かんなおと》さんが総理になった最初の国会質問で、シビリアン・コントロールについて、問い質《ただ》している。その際に、僕の『昭和16年夏の敗戦』を手に持って掲げて、まずはこれを読んでいますか、と訊《たず》ねていた。石破さんは、二〇〇七年二月に、第一次安倍内閣で安倍総理にも同じ質問をしたと述べている。NHKの国会中継で僕は偶然にテレビをつけていたので記憶に残っている。

菅直人総理は、「何だか、口頭試問のようですが」と自信なさそうに、「民主主義が成立した国で、議会制度が機能していることかと」と一応そう答えてはいたが、それだけなら学生レベル。石破さんは「自衛隊の最高指揮官として、直接（制服組の）意見を聞く機会をもっと設けるべきだ」と迫った。

冒頭では文民統制の意味を得々と語り、その後も普天間《ふてんま》問題など一時間半、原稿を全く読まないで、自信なさそうな顔の総理をグッと睨《にら》みつけながらも、諄々《じゅんじゅん》と諭していた。石破さんを「軍事オタク」と評する人がいるが、ああした独特の雰囲気をもっている人にはウソがない。優秀な官僚のような人はいくらでもいるが、ブレない信念の人は少ない。誰にも媚《こ》びず変人とか異端などと見られるぐらいでないとホンモノではない。

三浦　そんな質問があったんですね。

猪瀬　『昭和16年夏の敗戦』というタイトルは、三十代のエリートたちが総力戦研究所に集められ、模擬内閣を作った結果、日米戦日本必敗のシミュレーションを導き出したのが昭和十六年八月だったことに由来している。このシミュレーションは原爆投下以外をのぞけばソ連参戦などほぼ現実に後に起こったことだった。優秀な人間たちがロジックとファクトで考えた時には日米開戦は避けるべき選択肢だと見えたはずだった。

現実の日米開戦は大本営・政府連絡会議で実質的に決めているが、当時「やるか、やらないか」の議論は時間切れで、千島《ちしま》列島の単冠《ヒトカップ》湾に集結した山本五十六《やまもといそろく》司令長官率いる連合艦隊がハワイへ向けて出航する作戦の期限が来てしまうので無理やり結論が出されたような状況だった。

昭和天皇の下での十二月一日の御前会議が最終決定だったが、すでに連合艦隊は出発していた。

ところで今日の世界で、開戦には国会の議決が必要と憲法で規定している国はどのくらいありますか。

三浦　どこの国の憲法でも、というわけではないですが、国会の承認を規定している国は割とあります。国の規模、歴史、安全保障上の経験、法体系の類似性などの観点から言うと、参考になるのはアメリカとドイツでしょうね。

歴史的には、イギリスで議会制民主主義が根付く前、最高権力者である国王が軍を国内の反乱の鎮圧に使う場合がありました。名誉革命という内戦の結果により、新しく迎えられた国王は権利章典を議会と合意しました。以来イギリスでは国王が陸軍を持てない決まりになりました。だから、皇太子や貴族が個別に、陸軍の連隊の長として形式的に名義を貸与しています。

国王というかつての行政府が軍隊を持ち、開戦権限があったものを、その権利をはぎ取ってきたのが近代国家なのです。

猪瀬　すぐに決めなければならないときにも議決が必要なんだろうか。

三浦　事前に議決するのが原則だけれども、緊急時には事後になります。

行政府だけでなく、立法府がシビリアン・コントロールの実態を担わなければなりません。日本は議院内閣制なので、議会が開戦に反対なら内閣不信任案を出して総辞職に追い込めばいいではないかという意見もあるでしょうが、戦争が国家に及ぼす影響は甚大だからです。

猪瀬　でも、過半数で承認されるなら、形だけのものになる。

三浦　たしかに議院内閣制にはそうした側面があります。ただ、与党内で意見が割れる可能性もあります。

フォークランド紛争のときは、議論の末、イギリス議会は与野党含めて満場一致のような形で開戦を認めました。政府が開戦に踏み切らなければ、逆に議会によって退陣に追い込まれたかもしれません。議決が満場一致なのか過半数なのか、どのくらい強いマンデート（委任された権限）があるのかは、その後の戦争にも影響を与えると思います。韓国がイラクに軍隊を送ったときには、盧武鉉大統領の与党の一部が反対しました。

猪瀬　与党が左派だったこともある。

三浦　そういうこともあるでしょう。日本の場合も、ありうると思います。

猪瀬　日本国憲法では「国会は国権の最高機関」と謳われている。実際は行政側のほうが圧倒的に強いが。

三浦　開戦権限を国会に持たせることの最大の政治的効果は、野党に神学論争における憲法の番人の真似事を止めさせ、真に安全保障に関与する自覚を持たせられることです。その場合、慣習として忌避されている制服組の国家答弁を積極的に導入する必要がありますね。現状の文官と大臣の説明では圧倒的に情報が足りないわけですから。

猪瀬　要するに、「自衛隊の見える化」ができていない。憲法に必要事項を書き込んだら、自衛隊の編成や装備など現実的な対応をするための法律改正が必要になるけど、自衛隊が日陰の身だったから、そういう議論がこれまでできなかった。

三浦　第二次安倍内閣で防衛大臣を務め、内閣改造を経て再び防衛大臣となった小野寺五典《おのでらいつのり》さんあたりは「敵地攻撃能力を持つべきだ」と言っていますが、いまの自衛隊はポジティブリスト（原則として禁止し、例外的に可能なことを許可するしくみ）だから、本来はそのようなことができないと言ってきたのです。だから、ネガティブリスト方式に変えないと。しかし、まずは憲法を改正すべきでしょうね。

猪瀬　そうしないと、無理だよね。憲法に自衛隊が明記されれば、そういう議論になってくる。だから、護憲派の人たちも、自衛隊を明記することによって、問題点を詰めることができると考えればいい。

三浦　そうなのです。自衛隊を見える化することがシビリアン・コントロールを弱くする、という悪しき解釈の伝統がありますが、これは政軍関係を全く理解していないところからくる誤解です。スジの悪い議論ですが、なぜか日本の憲法学では根づいてしまった。

猪瀬　まずは、自衛隊の見える化をする。それと、何のために命を賭《か》けるのか、自衛隊員の名誉と人権も明らかにする必要がある。

第二章　トランプ時代のナショナリズム

対米自立の主張が出てきた

三浦　戦後の日本の国家像を考えるとき、アメリカとの関係をどのようにとらえるかが、とても重要でした。五月二十六日深夜放送の「朝まで生テレビ！」に出演したのですが、そこで自立したい派の主張が保守派と全くかみ合わなかったということがありました。

安倍政権を支持する作家の百田尚樹《ひゃくたなおき》さんは、日本は日米同盟によって戦争に巻き込まれず、防衛費のコストを削減してやってきた、という従来からの政権与党に代表される保守派の主張を展開しました。

これに対して、東大教授の井上達夫《いのうえたつお》さんをはじめとする自立したい派は、アメリカに基地を提供することによって日本がこれまで戦争に巻き込まれずに過ごしてこられたという見方に反対で、日本はむしろ損をしてきたと主張しました。これは従来の左派が展開してきた「巻き込まれ」の懸念と似ているようで、一味違うものです。

つまり、冷戦後四半世紀たって、アメリカの戦略的利益と日本の戦略的利益が異なってきており、アメリカのグローバル戦略に協力するならきちんと見返りをもらおうじゃないかと、暗に井上さんは言っているわけですね。そういう考え方に立てるのは、いまの日本が平和で安全であり、もしくはアメリカが日本の役に立たなくなっているという現状認識があるからだと私は思っています。

一昔前なら、功利主義からではなく、名誉やプライドが傷つけられるというナショナリズムの観点から「占領」を嫌がる人たちがいました。あるいは、非同盟諸国と関係を持ってアメリカ一辺倒にならない道を望む人もいました。

猪瀬　アメリカとソ連の中間に立つことで非武装中立という言い方があった。いわば白昼夢に過ぎないのだけど、それを信じていた人たちがいた。

それから、元東京都知事の石原慎太郎さんみたいに「ノーと言える日本」を目指す人たちもいた。つまり、日本はアメリカの属国であり、主権国家と言えないじゃないかということだ。アメリカと対等であるだけでなく、ソ連や中国に対してもきちんと対峙《たいじ》できるのが、主権国家のあり方だというのが石原さんの主張だった。井上さんもそれに近いんじゃないか。

それに対して、「それを言っちゃあ、お終《しま》いよ」と言って親米路線を取って来たのが日本の保守政党。だから、アメリカに世話になっているのに、日本は自立していると主張してきた欺瞞《ぎまん》がある。

三浦　それは、ありますね。でも、石原さんのような考え方はごく少数で、私は自立したい派はもう日本から消えたのだと思っていたのです。日本が自立する契機は冷戦の終結や、有事の際の同盟上の義務の不履行などといった事象によって、外部から強制的に訪れるものだと考えていました。ところが、それより先に、弱いオバマ大統領のスタンスやトランプ大統領の登場で、日本のような平和ボケしている国から同盟の効用を疑問視する声があがり始めたわけです。冷戦終結の効果が今になって出てきたとも言える。

安倍さんを支えてきた勢力のなかには、石原さんのような自立したい派が残っていたのだけれど、安倍さんという彼らのホープが政権を取ったことで現実の要請に目が向くようになり、対米感情がすごくマイルドになったわけです。その結果、逆に反安倍政権という文脈でアメリカから自立すべきと考える人々が出てきたということが言えると思います。

トランプが大統領に就任したのを機に、そういう人たちは安倍政権の欺瞞を衝《つ》きにきています。

猪瀬　田《た》原総《はらそう》一朗《いちろう》さんの最近の本である『トランプ大統領で「戦後」は終わる』(角川新書)では、その自立したい派の考えについて説明している。アメリカとの距離を取ることでの自立と言った場合でも、田原さんのような護憲派的な自立もあれば、石原さんのような改憲派としての自立もある。ただ、いずれにしてもこれまでアメリカに頼りきりだった国防について、ある程度自分たちで担う範囲を広げなければならないという点では一致している。

三浦　多くの自立したい派は、国際関係の現実を静的に、概念的に捉えている。アメリカが日本を守るかはゼロイチで考えており、同盟の効用についても一面的な捉え方が目立ちます。抑止効果を度外視している人も多い。同盟による外交上の効果こそ、戦争をもはや観念しにくい大国間政治では意味あることなのだということを理解していないからです。沖縄などが実質的にアメリカに占領されている状態が、日本国民に耐えがたい精神的苦痛をもたらしていると感じているのでしょう。

ポイントは論理構成が一直線だということと、日本という国の国益をどう見るかということです。国家としてのプライドは私も気にしますが、自立志向の人々は国益を狭く定義する傾向にある気がしています。コミュニタリアン的な匂いを感じますね。

猪瀬　コミュニタリアンというのはどういう立場？

三浦　共同体のなかを外より大事にする立場です。しかし、正義や理念とともに共同体を重視するならば、じつは容易にエリート支配につながりかねない。日本という国が原理原則で建国されたりまとまったりしているわけではない成り立ちを考えると、コミュニタリアンであろうとも、郷土保守と手を結んでしまうことが多くなる。両者はちがうものなのですが、対米自立や自前の安保、孤立主義で気が合ってしまうわけです。私の見るところ、最近政権批判や同盟批判でも、色の違う人々が気が合ってしまっているのはそこのところですね。

いまの日本のナショナリズムは中国との距離感で決まる

三浦　憲法改正について言うと、論者はいくつかの立場に分けられます。

百田さんや八木さんなどの政権支持の保主派は「九条三項を付け加えることで憲法改正ができるならば、やってしまいたい」と思っています。

小林よしのりさんなどの安倍政権嫌いの保主派の人たちは、安倍政権の下で九条三項加憲のように中途半端に改憲するのは許さないという立場です。政治的果実だけ持っていかれると思うからでしょう。護憲派は、そもそも九条を変えたくないし、自衛隊明記に関しては小林さんらと同じく政権を利したくないと思うでしょう。

安倍政権が嫌いな保守派と護憲派との違いは、自衛隊に対する思い入れの違いにあるでしょう。たとえば、弁護士で伊藤塾塾長の伊藤真《いとうまこと》さんは護憲派の一人ですが、軍人という職業を選ぶ人たちはなくしたいというのが主張です。自衛隊をすぐになくそうとしないのはその観点からは若干矛盾していますが。

私はスジ論から、憲法九条二項を削除すべきと言っています。安倍政権が好きか嫌いかよりも大事なのは、この国に理想的な政軍関係と健全な安保論議を根付かせることだと思っているからです。どうも共有されないですけどね。

猪瀬　先に反安倍が来てしまっている。

三浦　この回の朝生で論争となった部分に、井上さんが百田さんに対して「あなたは対米ナショナリズムが充分じゃないから、真正の保守と言えない」と問題提起した場面がありました。これは、日本のナショナリズムはアメリカとの距離感で決まるという考え方に立ったものです。

しかし、私は、日本のナショナリズムはすでに移行してしまっていて、保守や右派にとってはむしろ中国との距離感で決まるようになったと見ています。いまだにアメリカとの距離感でナショナリズムをとらえている人たちと、彼らとの議論がかみ合わないのはむしろ当然です。そこのすれ違いが理解されない限り、「ホンモノ」「ニセモノ」というレッテル貼りだけで終わってしまうのです。いま、日本は過渡期にあるのです。

猪瀬　冷戦後、アジア情勢も大きく変わったのだから、そこの議論も本来は変わらなければいけない。各国の防衛予算を見るだけでも、その変化が見えてくる。

日本の防衛予算を大雑把にとらえると、日米同盟なしに自国だけで日本を守る場合、二十兆円余になるというけれども、日米同盟によりコストは、五兆円ですんでいる。

中国の軍事費は十年前、日本と同程度の五兆円だったけれども、いまは十五兆円、二〇二〇年には二十兆円に達すると見られている。

アメリカの防衛予算は一九九〇年代に三十兆円で、二〇〇一年の九・一一（アメリカ同時多発テロ事件）以後、六十兆円まで増えたが、オバマ政権のときに十兆円削られて五十兆円になった。それが、トランプ政権になって六十兆円に戻る方向だ。

ちなみに軍事大国ロシアの防衛予算は七兆円ほどで、世界三位だが、韓国並みのＧＤＰなので台所事情は苦しい。日本の軍事費は、実力はともかく金額的には世界四位にあたる。

三浦　このときに井上さんが持ち出したのは、日本の防衛体制がアメリカのグローバルな戦力展開に資する形になっているではないかという論理でした。でも、日本側のコストは論じられていない。日本が戦後、自由貿易制度にのっかり、巨大なアメリカ市場に輸出して発展し、同じく米国の傘下にあるアジア諸国と取引ができたことも、シーレーンの安全を担保されていたことも度外視されている。防御費を節約できたこともですね。

猪瀬　つまり、日本は沖縄の米軍基地に多額の予算を出しているから、中東エリアまで含めたアメリカの世界戦略としての防衛コストはかなり削減されている、という面が強調された。

三浦　そうです。でも、日本側で削減された十五兆円の話は出てきていません。日本はもう少しアメリカに要求すべきと。コストの話だけではありません。日米同盟の意味合いは日米両国にとって異なるという現実があります。日米同盟は日本にとっては生存のための同盟ではあるけれど、アメリカにとっても便利な同盟です。そこは踏まえて議論しなければいけません。

私は北朝鮮の事実上の核保有国化を受けて、日本でも核保有論が活発になってくると思っています。日米同盟が本当に試されるのはその時なのではないでしょうか。韓国ではアメリカとの核共有を含めた核武装が国民の賛成多数になっていますが、オバマ政権時代、韓国の国防相がアメリカに対して核兵器の共有を持ちかけたところ、その事実をリークされてしまいました。同盟国に対してもそうした仕打ちをするのがアメリカの現実主義の外交姿勢です。

猪瀬　日本も同じようなことになるだろう。石原さんたちは日本も核武装すべきだと主張してきたけど、アメリカ側に応じる気配はなかったから。アメリカは、日本や韓国は同盟国であっても、北朝鮮と同じように核保有国になることを恐れている。拒否権を持ってしまうと属国ではなくなるからね。

戦後秩序をどう見るか

猪瀬　第一次安倍政権で、安倍さんは「戦後レジームからの脱却」を掲げたけれど、歴史修正主義だというアメリカからの批判を受けてすぐ引っ込めざるを得なかった。あれによって、極東軍事裁判で引かれたラインを超えてはならないという戦後国際秩序の厳しい世界観が再確認された。

三浦　日本が独自の判断で自国の路線を修正することは当たり前だけれども、極東軍事裁判については私は受け入れるべきだと思っています。戦争の勝者による、かつ事後法による裁きではあるけれども、戦争とはそういうものでしょう。しかも、日本は戦時国際法を無視し、不戦条約や国際連盟の脆弱《ぜいじゃく》な平和主義を破った側なのですから。

猪瀬　極東軍事裁判だけでなく、ナチスドイツを裁いたニュルンベルク裁判もあった。そこから戦後体制は始まっているからね。ただ戦勝国でもスターリン体制、旧ソ連の社会主義政権が崩れることで冷戦が終わったのは新しい事実だけれども。

三浦　安倍総理は戦後七十年談話で、歴史認識について従来からの持論を譲りました。戦争を引き起こしたのは自分の世代ではなかったとしても、過ちを犯した国の総理大臣として責任を負う、そのように表明しました。世界史のなかに積極的に日本の役割を位置づけたわけで、この上なくよい談話だったと私は思いました。

猪瀬　左派に譲ったように見えるが、歴史的事実に向き合わざるを得なかっただけに感じる。右派からは失望の声が深まったようにみえた。「連合国」を意味するユナイテッド・ネイションズ（United Nations）という言葉が「国際連合」としてそのまま残っている世界秩序で、日本が起こした戦争は、どう言っても覆すことができない歴史的事実となってしまっている。一九二八年（昭和3年）にパリ不戦条約を結んだにもかかわらず、それに違反して戦争を起こして負けたという流れのなかで、日本もドイツも勝者の裁きを受けて決着をつけられたのだから。

三浦　憲法九条二項の戦力不保持や交戦権の否定は、戦勝国が敗戦国の力をそぐために設ける「敗戦国条項」としての意味合いもあります。とはいえ、戦争が終わって時間が経てば、憲法を変える自由も日本の主権と民主主義の意思として当然あるのです。

猪瀬　もちろん、独立国なんだから。

また実際、ＧＨＱ（連合国軍最高司令官総司令部）民政局次長で、日本国憲法の草案を作成する責任者だったチャールズ・ケーディス大佐は、自衛権を認めていた。

最高司令官のダグラス・マッカーサーが示した三原則は、つぎのようになっていた。

国権の発動たる戦争は、廃止する。日本は、紛争解決のための手段としての戦争、さらに自己の安全を保持するための手段としての戦争をも、放棄する。日本はその防衛と保護を、今や世界を動かしつつある崇高な理想に委ねる。

日本が陸海空軍を持つ権能は、将来も与えられることはなく、交戦権が日本軍に与えられることもない。

（猪瀬直樹『東條英機　処刑の日』）

しかし、ケーディス大佐は「自己の安全を保持するための手段としての戦争をも」という部分を憲法草案でわざわざ削除している。戦争放棄と言っても、自衛権があるのは当然だと考えていた。

三浦　本土決戦する権利を認めたということですね。

東京外国語大学教授の篠田《しのだ》英朗《ひであき》さんが『集団的自衛権の思想史』（ちくま新書）という本を出しています。最近、今度はもっと大胆な『ほんとうの憲法』（ちくま新書）という本を出されましたね。篠田さんは、九条二項に書かれている交戦権の否定について、ベリジェレンシー（belligerency）の権利とはそもそも自衛戦争以外の戦争が認められていた時代の、好戦性を発揮する権利であると言っています。

つまり、戦争が違法化される前、国家は国王の意のままに戦争することができたわけで、最高指導者である国王ないしは元首に戦争を宣言する権利があるというのは、古い考え方です。国際法の世界では、戦争の正・不正はまず交戦法規から始まります。ルールさえ守っていれば戦争に正も不正もない、という過去の考え方は、無差別戦争観と呼ばれています。これが次第に厳しくなっていき不戦条約に結実するわけですね。だから、篠田さんはアメリカが九条二項を作ったのは、自衛戦争以外の戦争は違法であると念を押す程度の意味しかないと主張しています。

この篠田説は、アメリカ人が日本の憲法を起草したという観点からすると説得力があるのですが、残念ながら内閣がそういう立場を取ったことが一度もないので、芦田修正論と同じように政府としては採用できないということになります。

猪瀬　その後、朝鮮戦争が始まって警察予備隊が作られるわけだけれども、アメリカ側は三十万人にしろと要求してきた。それに対して、首相だった吉田茂は抵抗した。というのも、戦前に国家社会主義の流れのなかで英米派の吉田は排除されているから、旧陸軍の残党が共産党と一緒になって再び権力を持つこと、つまり国家社会主義の再現を恐れていた。三十万人にして、朝鮮戦争が泥沼化して朝鮮半島にその半分でも残留したら、戦前の中国戦線での陸軍と同様の事態となりコントロール不能になってしまう。それで、アメリカの求めに応じず、警察予備隊の規模が七万五千人に留《とど》まった。三浦さんの専門で言えば、吉田茂はシビリアン・コントロールができない軍隊が再び復活することを恐れたと言ってもいいかもしれない。

当時の革新勢力は非武装中立を唱え、憲法九条が物心崇拝みたいになって行くのだけれど、当時の左派には社会主義の実現のための正しい戦争はあると主張したり、中国の核実験には賛成したりするというおかしなことになっている人間もかなり目立っていた。

三浦　私の師匠である東大教授の藤原帰一《ふじわらきいち》の師匠が坂本義和《さかもとよしかず》ですが、坂本さんは核抑止の不毛さから逃れる可能性を探る研究をしてきた人です。あれほど日本という特殊性によりかからず普遍的に理論構築を試みた人はなかなかいません。けれども、もはやそのような筋の通った態度はあまり見かけませんね。

猪瀬　冷戦終結後、村山富市《むらやまとみいち》政権のときに社会党が日米安保を認めた時点で、非武装中立は崩れ去ったから。

三浦　だから、政治的には左派が日米同盟を認めた時点が大きな転換点だったのではないですか。

猪瀬　本来、村山政権の時点でこの話は終わっている。それから、冷戦崩壊後、東大教授だった藤岡信勝《ふじおかのぶかつ》さんとか、京都大学教授だった中西輝政《なかにしてるまさ》さんとか、左だった人が右に転向していった。

評論家の大宅《おおや》壮一《そういち》が一九五五年に「無思想人宣言」をしたときに、「みんな帽子を取り換えているだけだ」と皮肉った。軍国主義から社会主義に。そして冷戦崩壊で、社会主義から右派イデオロギーへ。

三浦　私には帽子を取り換えるという気持ちがよくわかりませんね。それではいったい、何のために戦っていたのですか。

猪瀬　その意味を考えるだけで日本の近代化のありようが見えてくるぐらい、それは大テーマだよ。

戦前から話すと、一般に教科書では、戦前が軍国主義、戦後は民主主義と画一的に整理されてしまうので、戦前は北朝鮮のようなものと誤解している若い人が大勢いる。でも、そうではない。戦前も戦後も日本は資本主義社会。言論表現の自由も、一部制限もあったが、現在と同じようにメディアはワイドショーのようなゴシップにあふれていた。

しかし、たしかに昭和前期は昭和天皇でさえ、膨張する軍部の領土欲を止めることができない異常な事態が進行していた。近代合理主義が破綻《はたん》していくプロセスを政治学者の丸山真男は超国家主義と命名した。ナショナリズムは本来は健康な精神であるのにそれを超えた別物に変容したからだ。

超国家主義のなかで言論空間は変容していく。じつは僕が最初に研究したのが、転向論だった。日本のナショナリズムについて考えるには転向という現象が手がかりになったから。橋川文三《はしかわぶんぞう》先生の下でナショナリズムを研究するために明治大学の大学院へ行った。橋川さんは、転向研究の第一人者で、哲学者の鶴見俊輔《つるみしゅんすけ》のグループ（思想の科学研究会）にもかかわった。彼らは『共同研究　転向』（上・中・下）という分厚い研究書も出している。

詩人・評論家の吉本隆明《よしもとたかあき》さんも一つの転向の典型で、軍国青年だったが戦後に急進的な左翼へ変わり、さらに左翼を否定してイデオロギーの束縛から離れて「自立」という語を使い始めた。その吉本さんが『芸術的抵抗と挫折』を書いているがこれも転向論としてわかりやすい。昭和初期にダダイストやアナキスト、前衛的な現代詩を書いていた詩人たちがいたが、ある時期から天皇バンザイ、進軍バンザイ、など鬼畜米英の詩を書き始めた。必ずしも特高警察によって弾圧されたから転向したわけではない。翻訳による流行思想は、情緒的な日本回帰現象に容易に足をすくわれ、回収されやすい。そもそも文学青年たちが最初にぶつかる壁は地に足がついていないことによる生活の困窮だった。さらにマルクス主義者は危険思想として特高警察に逮捕されるなどもあったが、たいがいは「棄教」するか、大きな潮流になり始めた岸信介ら「革新官僚」による統制経済・国家社会主義に合流していった。

一番わかりやすいのは、田原総一朗さんの敗戦体験。神武《じんむ》天皇から歴代の天皇の名前をすべて暗唱させられていたのに、小学校五年生の夏、敗戦を迎えて二学期になったら、先生から言われて教科書に墨を塗った。ただ田原さんの場合は受け身の少年。二十歳を過ぎた大人が、自ら選び取った思想から転向するのとは意味が違う。

結局、転向というのは人びとの表層意識が雪崩を打って全部、入れ代わるもので、日本が戦争に負けて民主主義の世の中になったのも総崩れの状態が起きたから。戦争における詔勅は、開戦でも終戦でも、時勢のおもむくところにしたがうとあるような自然現象のごとくで、「主体」が明確でない文言になっていた。丸山眞男は一九七二年に発表した「歴史意識の『古層』」で、古来変わらず日本人の根底に流れ続けた思考の枠組みがあり、執拗な「持続低音」が潜在していると述べている。それは主体があって「つくる」でなく自然に「なる」というロジックを包み込むようなものであり、外来の思想は表層をすべっていってしまうと説いた。だから多くの転向は思潮のブームにすぎない。戦後はデモクラシーやら社会主義がブームになり、冷戦の崩壊によって社会主義が正しいという自分たちの考えが間違っていたら転向した。企業の社長なら倒産したら責任を問われるが、言論人は責任を取らない。未来から振り返ってあれが過渡期だったというのはたやすい。しかし、現在も歴史の文脈を形づくっているのだから、この一瞬というものをつかまえられなければいけない。

三浦　それはある種の功利主義じゃないですか。アメリカの占領に反発しているのに、チョコレートはおいしい。チョコレートはいいものだけれどアメリカは批判したい、という。

すべてをアメリカのせいにするのは楽でしょうけれど、真実ではないんですよ。

猪瀬　敗戦直後は米兵からチョコレートをもらっている場面が見えていたのだけれども、しだいに見えなくなったんだろうね。全国各地に米軍基地ができたことで、かえって日常では米兵の存在自体が見えなくなったから。いまも米兵は「ディズニーランド」の門番なんだけれども、いつからか僕らの目には入らなくなったんだな。

全学連は反米ナショナリズム、全共闘は自立

猪瀬　六〇年安保闘争というのは、プロレスラーで戦後日本の国民的ヒーローだった力道《りきどう》山《ざん》が、シャープ兄弟を空手チョップでやっつけていた時代の延長戦だったと思う。アメリカに対する屈折した反発。戦争によってこてんぱんに打ち負かされたのだから。

戦争に負けた悔しさが深層意識で爆発したのが六〇年安保闘争です。だから、六〇年安保というのは左派の全学連が大暴れしたように見えるけれど、ふつふつとしたナショナリズムの心情の表れでもあった。戦後、アメリカに占領されて、独立したにもかかわらず、日米安保条約が結ばれ、日本は引き続き支配下に置かれていた。占領統治が終わったのに、なぜアメリカの支配を受けるのかと混乱したままデモ隊が国会に押し寄せた。

僕が学生時代に加わった全共闘運動というのは一九六七年、六八年、六九年の三年間。反米闘争というよりも「戦後民主主義」に対する反発だったと思う。学生たちが街頭デモを展開し、東大の安田《やすだ》講堂に立て籠《こ》もって機動隊と激突する事件も起きた。すべて六〇年代に終わった。それなのに作家の三島由紀夫《みしまゆきお》が一九七〇年十一月二十五日に自決した。あれは時期を読み違えてしまったことによる。

三浦　時期？

猪瀬　三島由紀夫は一九七〇年十一月二十五日、東京・新宿区《じんじゅくく》にある陸上自衛隊市ヶ谷《いちがや》駐屯地で「自衛隊よ、目覚めよ」と檄《げき》を飛ばして自決したわけだけど、国民からすれば「あいつ、何やっているんだ」というシラけた反応で無視された。

三浦　時代遅れだということですね。

猪瀬　三島由紀夫はすごい危機感を持って、これではダメだと叫んでいるんだけれども、世間からは冷めた目で見られていた。

三島はこう書いている。

無機的な、からっぽな、ニュートラルな、中間色の、富裕な、抜目がない、或る経

済大国が極東の一角に残るのであろう。（サンケイ新聞一九七〇年七月七日）

この一九七〇年は大阪万博（日本万国博覧会）が開催された年で、人口一億五百万人の時代に延べ六千万人が訪れて熱狂していた。

三島由紀夫が何を目指したかというと、全共闘の学生たちが機動隊と街頭で衝突して大乱闘になる。全共闘はゲバ棒や火炎瓶で機動隊を蹴散《けち》らすだろうから、自衛隊が出て来ざるをえない。警察の武器は、警棒と楯、催涙弾や放水だけ。つまり武器でなく小競り合いのための道具しかない。そうした時こそ武装した軍隊の出番が生まれる。

三浦　治安出動ですね。

猪瀬　そうなれば国民は日陰の身であった自衛隊をついに認知せざるをえない。

三島由紀夫は一九六九年の時点で、そう考えて計画を立てたのだけど、全共闘は六九年十一月の沖縄復帰の交渉のため羽田空港から飛び立つ佐藤栄作《さとうえいさく》首相の訪米を阻止しようとした。基地撤去ができないままの返還交渉なら意味がない、と羽田空港を目指すが、機動隊に簡単に蹴散らされてしまう。

三島由紀夫は、全共闘運動が「七〇年安保粉砕」と叫んでいたから七〇年にも続くものと思っていたけれど、六九年であっけなく終焉《しゅうえん》を迎えた。市ヶ谷の自衛隊駐屯地での自決の舞台は、したがって惨憺《さんたん》たるものに終わる。ただ三島由紀夫という人は一筋縄でいかない、素晴らしい作品をたくさん残している。

小林秀雄《こばやしひでお》は「三島さんは、反省的意識にかけては大家だっただろうが、あの人にとっても、自分自身が透明だったはずはないだろう。やはり運命と言ったような暗い力といっしょにいたのだよ」と談話を残している。だから僕は『ペルソナ　三島由紀夫伝』を書いた。

七〇年には大阪で万博が開催されて、歌手の三波春夫《みなみはるお》が「こんにちは、こんにちは」とテーマソング「世界の国からこんにちは」を歌って、明るい七〇年代が開幕した。そこからもうずっと日本は「ディズニーランド」にいる。

「お国のため」の喪失

三浦　三島由紀夫に話を戻します。中央区《ちゅうおうく》の築地《つきじ》市場の江東区《こうとうく》・豊洲《とよす》への移転問題で、元東京都知事として石原慎太郎さんが記者会見するのをテレビ局で、ライブで見ていたときのことです。
質疑まで全部見て、私は石原さんの言っていることはロジックが通っていると思いました。覚えていないことや記憶違いがあって、情報を精査してまとめてから出てくればいいのにと思ったところもありましたが。

ただ、この会見での石原さんと民意との乖離《かいり》具合が、なんと言ってもすごかった。何を言っても記者には通じない。その遠さが、三島由紀夫の自決のときに似ているのではないかと思ったのです。つまるところ、「お国のため」という言い方を理解したり、国益について話せる人が、いまの日本にはすごく少ないということです。

それは必ずしも「お国のため」である必要はなく、ヒューマニティという言葉でももちろんいいのです。思想家の東浩紀《あずまひろき》さんは、たとえば「お国のため」という言葉には共感しない。ヒューマニティという言葉はしかし、ぴったりと私たちの会話にはまります。東さんにはそういう理想があるから。

猪瀬　要するに大義みたいな意味だね。

三浦　そうです。世の中に対し責任を引き受ける感覚。

猪瀬　大局観として、あのときは豊洲移転しかありえなかった。細かいところでは問題は潜んでいたとしてもね。もっと言えば、石原さんでなくても、誰がトップでも豊洲移転だったと僕は思う。結局、小池《こいけ》知事も最後には豊洲移転を決めている。

三浦　ところが、その大局観が記者にも通じず、パブリックにも通じなかったというのがあの記者会見だったと思うのです。戦後の日本では、ずっと「お国のため」と考える人たちがかなりの頻度で裏切られる歴史を繰り返してきたのではないかと。

三島由紀夫のときは、国家の独立自尊を奪還する戦いだったかもしれません。その後、時代とともに中身は変わっていったけれども、要するに「お国のため」あるいは「人のため」という人と、無責任に批判したり揚げ足取りをしたりする人たちとの戦いだったのではないかと思っているのです。

猪瀬　まあ、そうだね。

三浦　ただ、私たちの世代が以前と違うのは、未来に希望を持てない時代だということです。物心ついたころには「失われた二十年」の真っ最中でしたから、かつて日本全体が夢を持てる時代があったということ自体が信じがたいし、そんな単線的発展の世界観での夢を持っている人がいたこともよく理解できない。私たちの世代はバブルも知らないでどうやって生きていくかと言ったら、ふつうに人間としてよく生きるということしかないじゃないですか。

猪瀬　一九九〇年代以後、そういう状況になってきたのはたしか。でも、それは実感で物事を構成すればそうなるということであって、だから、僕は歴史意識が必要だと言っている。どういう順番で物事が進んできたのかを振り返って、いまいる時間と空間を特定しないと、夢も希望もないという諦観《ていかん》に陥りかねない。歴史意識がないと、夢も希望もない時代だというレトリックに騙《だま》される。いまはほんとうに貧しい時代とは違うよ。肉親が戦死したわけでもないのだから。

三浦　私たちの世代はいわゆる「いい時代」を知らないから、二〇二〇年のオリンピックが決まったときも、安倍総理が二〇二〇年までに改憲しようと提言したときも、私自身は「おお、いい目標だな」と思いました。

　私は一九八〇年生まれだから、〇の年に必ず大台に乗ります（笑）。だから、自分が四十歳になるときの日本がどうなるかを考えるのです。それはきわめて個人的な夢や希望の集積と、あとは同時代に何かを共有しているという幻想でしかない。でもその幻想が生きる希望や意味を人々に与えてくれることはたしかですけどね。

猪瀬　東京都知事だった二〇一三年に、僕がどうしてもオリンピックを招致しなければいけないと思ったのは、国民みんなにとって七年後の二〇二〇年が自分が生きていくうえでの一つの区切りにしたいと考えたからだった。目的があると自分のなかに時間軸ができるわけで、七年後の姿を思い浮かべ、逆に七年前の自分を思い出して、いまを確定する、それが歴史意識だと思っている。

よく知識人が「いまは過渡期だ」と言うが、それはいつだって過渡期なんだよ。僕自身が学生の頃にも先輩から「いまは過渡期だ」と言われたから（笑）。

ただ時間軸のなかで、どういう過渡期かを特定しないといけない。

たとえば、戦前の昭和八年（一九三三年）に関東軍が内蒙古《うちもうこ》の熱河省《ねつかしょう》に侵攻し、万里の長城を越えて河北省《かほくしょう》まで攻め入った熱河事件が起きた。このとき、昭和天皇が大権を発動できなかったことが『昭和天皇実録』で確認できている。明治憲法では「天皇は君臨すれども統治せず」と事実上の立憲君主制であったとしても、天皇大権によって戦争を止めることはできなくはなかった。しかし、年配の軍人たちに取り囲まれていた三十一歳の昭和天皇にはその実力が備わっていなかった。その少し前、国際連盟は日本軍の撤退勧告案を可決し、松岡洋右《まつおかようすけ》以下日本全権団は議場を退席する。その三年後に二・二六事件が起きた。昭和天皇が大権発動のチャンスを見送らざるを得なかった、一種の挫折《ざせつ》だった。これは間違いなく昭和史の過渡期だといえる。

ポスト冷戦の国際秩序はどうなる

三浦　戦後の日本の特殊性ということで言えば、平和主義という最大のナショナリズムに代わるアイデンティティも、いわば試されずに信じられてきたものでしかないと思っています。日本の平和が保たれているのは憲法九条があるからではなくて、単に日米同盟によってでしょう、という突っ込みだけでなくて、たまたま戦争しようという機運にならなかっただけのことなのです。

猪瀬　冷戦下にあった一九九〇年までは、全く戦争の機運はなかったわけだから。憲法九条があったからではない。冷戦による平和というのはすごいことだよ。

三浦　すごいことですね。

猪瀬　冷戦による平和の時代に、東西陣営それぞれの陣取り合戦は終わっているから。関《せき》ケ《が》原《はら》の戦いで、東軍と西軍の力が均衡していたら戦争しない。しかし均衡が崩れたから天下分け目の戦争になってしまった。冷戦時も均衡状態がたまたま続いていた。核兵器による抑止力によって。

三浦　核抑止を備えた二極であれば安定するけれども、それが多極になったときにどうなるのかという問題について、シンガポール出身の研究者が東アジアの秩序に的を絞ってある仮説を唱えています。それは、アジアの場合、勢力均衡ではなくて中国を頂点とするヒエラルキーになるという仮説です。私は彼女の説はかなり納得感があると思いますよ。ただ全世界的に見れば新たな勢力均衡のゲームに突入する地域も出てくるはずです。

猪瀬　三浦さんの『「トランプ時代」の新世界秩序』（潮新書）に書いてある？

三浦　少しだけ触れています。ヨーロッパの場合は、同じようなサイズの国が多く、戦争を繰り返してきた歴史があるから、勢力均衡が成立した。

東アジアの場合は、中国があまりに大きいので、中国を頂点にして日本、韓国、ASEAN諸国みたいなヒエラルキーがあれば、戦争をしなくてもやっていけるわけです。それは、とりもなおさず他人の紛争にあまり関心を持たないということを意味しています。

猪瀬　その仮説の場合、日本はどうすればいいと言っているのかね。

三浦　ASEAN諸国は中国に付き従う以外に選択の余地はないし、韓国も勝ち馬である中国というバンドワゴンに乗って行くしかない。だから、中国にすりよりつつ、日本やアメリカとも関係を保っている韓国の行動はすごく合理的なのです。

もっとも厳しい選択を迫られるのは、日本です。世界一のアメリカにくっついているので、存在感があると勘違いする向きもありますが、現実には経済力でも軍事力でも中国に抜かされている。でも、そう簡単に二位の地位に甘んじるわけにはいかないから、日本がアジアの秩序を不安定化させる行動に出かねないという危惧《きぐ》が国際的には出てくるわけです。

猪瀬　でも、実際にアジアの秩序を乱しているのは中国でしょう。別に対抗勢力としてインドの存在もあるし。

三浦　もちろん、中国が南シナ海や東シナ海で勢力を拡大しているのは大本の問題なのだけれども、それに対して韓国はあまりリアクションを取らないから、日本が矢面に立つことになるわけです。この現象は実際の外交の場面でも起きつつあります。たとえば東アジアの主要国が米国抜きで集まるＡＳＥＡＮ＋３（日中韓）という枠組みにおいて中国に物を言うのは日本だけ。ちょっと浮いた存在になっているのです。

猪瀬　アメリカとの関係はどうなるのかな。

三浦　日本の対米専門家たちの多くは、エリートであればあるほど、アメリカに付き従うという状況になっています。その数少ない例外が石原慎太郎さんで、石原さんにはエリート意識がないので、反米意識とエリート性を同居させることができたのではないかと見ています。外務官僚のなかでも、岡本行夫《おかもとゆきお》さんや田中均《たなかひとし》さんは親米ながらも対米ナショナリズムを持っていますが、彼らは個人としてのキャラクターの立っている方々です。外務省の組織の本流で次官になるような方々はおそらくもっと疑問を持たずに親米路線をとるでしょう。

猪瀬　外務省の官僚たちは、現代の公家《くげ》だから。

三浦　外務省は、最近とみに官邸主導の外交スタイルに抗《あらが》えなくなっていると思います。安倍総理がたまたま親米の政治家なので、うまく行っていますが、日本のエリート支配が崩れれば崩れるほど、不安定な民意とか、不確実性が出てくるでしょう。親米派のエリートがこの国の自主性を奪えば奪うほど、そのフタが開いたときの世論はきわめて不健全なものとして出てくるという矛盾を抱えています。

猪瀬　その矛盾をどうする?

三浦　だから、世論を現実に直面させ、教育しなければダメだというのが私の主張です。この現状を直視しろと、少々論争的なことも、あえて言うべきであると思っています。ところが、日本のエリートたちは、世論を教育することを半ば放棄しているのが現状です。

BREXITとトランプ現象

猪瀬　アメリカのトランプ大統領がメキシコとの国境に壁を作れと言ったり、イギリスがＢＲＥＸＩＴ（ＥＵ離脱）を決めたりしたのも、国民国家の構成者である国民としては、納税など多くの義務の見返りに安全が守られ、福祉を受ける権利があるのに、その権利が脅かされたから。

ただ、欧州は第一次世界大戦の反省から国際連盟を作ったり、パリ不戦条約を結んだりして二度と戦争を起こさないために、ひとつのまとまりをつくってきた歴史がある。ＥＥＣ（ヨーロッパ経済共同体）からＥＣ（ヨーロッパ共同体）、そしてＥＵ（ヨーロッパ連合）へと主権国家を超える理想を追求してきている。

だから、国民国家モデルはグローバル化によって当然、崩れて来たけれども、崩さないところを残していかないといけない。ということで浮上したのがＢＲＥＸＩＴとトランプ現象だと僕は思っている。

イギリスの場合だと、ベルギーのブリュッセルに本部があるＥＵ官僚に重要事項を決められてしまっているわけだから。

三浦　そうなのです。たとえば、フランスでは男女同権が進んでいます。国内の人々の言動は国内で評価したり裁いたりすることができる。しかしそこでＥＵ議会にポーランド人がやってきて、ＥＵ市民として男女差別的な発言をしたら、「おまえ、何様?」ということになりますよ。その背後には、小国人が何を言っているという大国意識もあるかもしれませんけれども。

猪瀬　しかも、ＥＵの官僚たちは各国の官僚たちより高い報酬をもらっている。

三浦　私が国連事務総長のコフィ・アナンを当初あまり好きになれなかった理由でもあるのですが、国連キャリアの人たちの中には立脚すべき共同体を持てていなかったり、あるいは単に国を愛せない場合も多いのではないかという気がします。いわば自己実現のために仕事をしている人もいるでしょう。国際機関というとあたかも公平無私なイメージがありますが、自己実現の場としての国際機関である場合も多いだろうと思います。

もちろんそれは国内政治の現場でも同様です。有権者や国民一般を愛せない自己実現の政治というのは不健全なものです。例を挙げるならば、秘書に暴行したと報じられた豊田《とよた》真由子《まゆこ》議員がいましたね。彼女について聞かれたので、私は週刊誌の取材に答えて、プライズ・コレクター的だと指摘しました。

猪瀬　どういうこと?

三浦　賞集め。つまり、業績やキャリアにおいて金メダルを集めている。東大卒やハーバード卒、あるいは官僚、政治家という肩書に重きをおいているのではないかと。

猪瀬　自己実現のために、肩書のために頑張っていると。

三浦　私に言わせれば、官僚にあってはならないタイプです。ですが、一般に官僚や専門家を目指すエリートには似たようなタイプも少なくない。官僚はやっぱり公僕だから、お金やライフスタイルなど、あきらめることがたくさんある。だから、別の使命感を持っていないとやっていけません。

猪瀬　官僚は本来、国家のために自分を捨てて奉仕するのが仕事だからね。

三浦　東大法学部のトップの学生が最近、官僚にならないのはなぜかについて、ある人と話したのですが、彼の意見は「お国のため」というのが響かない現実が時代としてあるのだろうというものでした。

これはもうあるかないか、ということでしかなくて、公の利益に関心があるかということに尽きるのです。とはいえ、それが官職を通じてしか発揮できないと考えるのも間違い。民間を見下して自分たちだけが公のために働いていると勘違いする人もいますが、経済活動がお国のために無縁であるわけがないんですけどね。

猪瀬　要するに、国家観があるかどうか。

三浦　猪瀬さんがこだわっている国家観の有無とつながっている話ですね。最近は、お国のためと思わない人が多いから。

猪瀬　ホリエモン世代と呼ばれる人たち。

三浦　でも、堀江《ほりえ》貴文《たかふみ》さんは超長期的にお国のためを考えていますよ。将来、ベーシックインカムが保証されるようになったとき、国民に提供できる遊びがないと暴動が起きるから、日本の将来のために遊び方を考えると（笑）。すごくおもしろいことを考える人です。

猪瀬　そういう見方もあるね。

三浦　私は賞には関心がありません。ある程度頭角を現せなかったらそれはそれで問題でしょうけど、エリートの仲間入りをすることで満たされるような人間ではないので。パッションをもっているので影響力にはこだわっていますけどね。

猪瀬　三浦さんには国家観があるからな。プライズ・コレクターはある意味で個人のプライドだけだから。

三浦　そう。やっぱり利他性がないと。

猪瀬　話を戻すと、公務員の人数や報酬は本来、国家が決めることなんだよ。

たとえば、日本では国家公務員（人事院給与勧告対象）が三十万人、郵便局員二十四万人の身分は国家公務員でしたが民営化されたのでカウントされない。自衛隊員が二十三万人、警察官が二十六万人（正確には各県警の職員は地方公務員）いる。地方公務員は約二百七十万人に上っている。

法人税や所得税をいくらにするかも、その見返りとして福祉や保育にどのように分配するかも、国民の代表である国会議員と霞《かすみ》が関《せき》の官僚機構が法律をつくり、政策を実施している。あたりまえだが、これが国民国家のモデル。ところが、EU加盟国のようにそういう国家の大事をブリュッセルで決められたら、国民が怒るのは当然だよ。

三浦　もちろん。

猪瀬　日本の名目GDP（国内総生産）が三十年前から五百兆円ほどだったけれども、そのころアメリカのGDPは一千兆円だった。日本の人口は一億二千万人、アメリカは二億四千万人で二倍。いまは日本は五百兆円のままだけど、アメリカの人口はヒスパニック系が増えて三億人と日本の三倍近くになり、GDPは二千兆円と四倍になっている。

一つの要因は、アメリカが移民を受け入れて人口を増加させてきたことにある。つまり、アメリカは移民国家で、どんどん移民を受け入れながら発展してきた国だけど、移民への反撥でその限界も見えてきた。

端的なのが、パナマ文書の問題。つまり、大企業が法の網の目をかいくぐって国家に税金を納めない脱税に近い状態。納税しなければ国家は崩れてしまう。

三浦 国民国家がグローバル化によって自ら決められることの幅が狭くなり、タックスヘイブン（租税回避地）によって課税の自由度を掘り崩されているというのはその通りなのですが、国家の対処方法がいろんな意味で間違ってきたと私は思っています。

課税というのは徴兵と一緒で、民主的な基盤のうえにはじめて成り立つものです。みんなが納得し、合意して行われる。ところが、ＥＵやＧ７といったネットワークで大国が協力して、パナマのような弱小国に圧力をかけ、自国から流出した税を回収しようとしている。これはあまり誉められたことではない。

自分たちが国家をよりよいものにして納税してもらえるようにする努力をせずに、勝ち組の先進国同士で協調して取りっぱぐれを減らそうとするのはお門違いではないでしょうか。

そこでの対処方法を間違えたことが、ＢＲＥＸＩＴにつながりました。トランプ支持層のなかに排外主義者や保護貿易主義的な人が混じっているのもそういうことでしょう。だから、民主的基盤を忘れてエリート支配に走ると、こういう結果になるということなのです。そして、その揺り戻しとしてBREXITは必然だったかもしれないと思っています。
BREXIT自体イギリスにとって経済的には損ですが、「自分たちはヨーロッパとアメリカの間で漂流しながら生きていかねばならない」というイギリス人の自覚は否応《いやおう》なしに高まりました。また、移民を受け入れる際には安全対策や福祉政策をセットにしなければならないと、EU諸国が理解することができたのもメリットだったと思います。

猪瀬　それでもタックスヘイブンは国民国家の敵だと思う。いまのところ国民国家ほど精緻な調整弁としてのモデルはない。EUにはそのモデル自体を破たんさせるものを含んでいるから。トランプ現象も、ある種のこの普遍的なモデルへの振り子ではないか。

三浦　トランプ現象で最も象徴的なシーンは、かつて製造業で栄えた町がさびれて、白人たちが苦境に追い込まれているという構図です。本来ならそうした労働者の層を守るべき民主党がその役割を放棄したために、トランプがそこを取りにいき、熱狂的な支持を得たわけです。
オバマが大統領だった八年間の民主党政権では、人種差別をしない、多様性の尊重という意識が進んだことは功績としてあると思います。ただそれは一部の人にとっての満足でしかなかった。問題は経済であり、社会の揺り戻しにあったわけですから。

国家が国民に何を提供できるかと考えたときに、「いや、君たちがまず国家のために何ができるかを考えるべきだ」と説教をする人がいるのですが、国家が堕落していたら意味がありません。そうしたとき、アメリカでは人々は本能的に州の自律性や民間の競争力重視に回帰するわけです。

猪瀬　でも、オバマは国民健康保険みたいなものをつくろうとはした。

三浦　オバマケアですね。ただ、保険料が高くて不評を買ったのです。トランプ政権でも大改革は難しそうですね。いずれにせよ国民健康保険のような大改革は、たいていどの国でも戦後の荒廃のような特殊な後押しがないとできないものなのです。アメリカには貧困層に対するメディケイドや高齢者に対するメディケアという医療保険があって、国民の二割はメディケイドに頼っています。

猪瀬　日本の生活保護は人口の一・七パーセントだという。これは少なく見積もってだと言われていて本来支援が必要な人はもっと多いだろう。そうであっても、生活保護とは意味が異なるとはいえ、二割というのはすごい数だね。

反グローバリゼーションの波

三浦　ヨーロッパを旅しても、アメリカを旅しても気づくことがあります。それは、それらの土地ではとても田舎が広いということ。

ヨーロッパでは、人口は都市部に集中しており、田舎が広い。街を出ればすぐに田園地帯が広がります。いっぽう日本の場合、中核的な都市から電車で郊外に向かっても、都市の風景がずっと続いている。

猪瀬　田中角栄《たなかかくえい》の日本列島改造論によって日本の地方のインフラはヨーロッパの田舎と比較にならないほど整備されたからね。

三浦　つまり、ヨーロッパは日本に比べて都市と農村の二分化が極端になっているということです。

今回、フランスでマリーヌ・ルペン率いる国民戦線が旋風を巻き起こしたのは、田舎や郊外の人たちを巻き込んだからです。

猪瀬　そうだね。

三浦　では、そうした人々の行動を予測できなかったかというと、私はできたはずだと思うのです。

というのも、一九九〇年代の終わり頃、反グローバリゼーションの思想本がたくさん出ていました。ドイツの有名な社会学者、ウルリッヒ・ベックは社会民主主義者で、ヨーロッパの先行きに対し強い懸念を訴えていました。彼の場合、混沌《こんとん》とした未来のヨーロッパを「ブラジル化」と呼んだ。ブラジルに失礼極まりないわけですが。

つまり、この頃に社民主義者らが国民国家の危機を問題提起した。このまま行ったら、グローバリゼーションの大波が、EUという枠を超えて押し寄せ、国家が融解してしまうのではないか。このままでは金持ちは域内に城塞都市をつくり、環境を守りたい人たちはユートピアをつくって、EUはブラジルのようになる。要は社民主義者がグローバリストなりリベラリストではないがゆえに起こった議論です。

イギリスでは、リベラルであったはずのジョン・グレイが普遍主義的なグローバリズムに対する懐疑を提起して、それぞれが勝手に生きて行けばいい、アジアはアジアの価値観で生きてくれればいいというような価値相対主義のメッセージを出したのです。これに対して、グローバリストからは、世界にはまだ貧困地域がたくさんあり、生活レベルを底上げするためにグローバリゼーションが必要であるとして、反論が出ました。

この一九九〇年代末から二〇〇〇年代にかけて論争が行われた時点で、EUは国家ではなく、国を代替する存在ではないということ、そしてヨーロッパの社民主義が内向きになっていることは明らかになっていました。だから、いま起きている事態は予測してしかるべきだったのかもしれない。

猪瀬　そうかもしれないね。ＢＲＥＸＩＴについて付け加えると「イギリス連邦」（コモン・ウェルズ・オブ・ネーションズ＝諸国連邦）というイギリスを中心としたゆるやかな国家連合がある。旧植民地などからなる集まりで、車が左側通行だったりする（イギリス連邦を除くと、日本とタイだけ）。要するにイギリス国民はＥＵに固執していない。ＥＵと別の世界を持っているという心理的な逃げ道があるからだろう。

三浦　指摘しておきたいのは、いまナショナリズムを主張している人たちは二派に分かれているということです。一つは、農村や高齢者を中心にした伝統的なものに回帰するナショナリズム、つまり古いナショナリズムであるのに対し、もう一つは変化を許容しながらも国家を肯定的にとらえる新しいナショナリズムです。

猪瀬　僕はナショナリズムに古い、新しいはなく、健康か病的かという見方だけれど。

三浦　必要な範囲内では富を分配して国民の不安に答える、と同時に、人々の価値観には立ち入りません。ゲイもレズビアンも包括する。経済成長や都市の豊かさを求め、ポップカルチャーを愛する、というように、経済は成長重視で分配も否定せず政策はリベラル、という組み合わせのナショナリズムです。

猪瀬　それはおそらく、本来近代国家が成立したときに生まれた「国民」という概念の綻《ほころ》びがいまになって表面に出てきているということ。ただ、国民国家にとって言語と伝統文化は重要な要素で、そこにしか拠《よ》り所はないと僕は思っている。

三浦　国によって伝統とかカルチャーが違うので、右派の出方とか排外主義の出方の違いがありますが、国家としての伝統文化が強い国ほど、逆説的にきちんと生まれ変われると私は思っています。変わらないためには走りつづけなければなりませんからね。

第三章　ビジョンなき国家運営

規制派と規制改革派の折り合いがつかなかった

猪瀬　時代はつねに変わる中で、歴史意識を持って、国家百年の計を打ち立てねばならない時期にあると思う。だが、ビジョンなき意思決定が国づくりにも及んでいる。大騒ぎになっている加計学園の問題は何だったのか。霞が関の官僚機構はタテ割で、そのタテ割は既得権益を固定化している。国家戦略特区はその壁を突破するため、政治主導でやるためにつくられた。だから、公平で透明な手続きの下でやればよかったと思うが、不透明であったのは残念極まりない。

大阪府立大学の獣医学部が、定員が四十人しかないので二十人増員して六十人にしてほしいと陳情していたという。しかし、何度陳情してもダメだったという話が加計学園の話があってから表に出てきている。京都産業大学も獣医学部の申請をしていたことも。

三浦　さまざまな大学行政に関する話を聞きますが、文部科学省の対応は目にあまるものがありますね。

猪瀬　獣医師会側は既得権益を維持する立場でもあるだろう。司法試験の合格者数は五百人から二千人にまで増えて、弁護士事務所に就職できない弁護士が出てきているが、獣医師も増やしすぎると競争が激化して報酬が減ると思っている。だから文科省に対して簡単に認可するなという意向を持っていたのではないか。

だがいっぽうで家畜を対象とした公務員の獣医師が足りないとは言われていた。あるいは創薬のライフサイエンスなど先端研究を進めるため、あるいはグローバル化による防疫体制にも獣医学部が必要というニーズもあった。

そのためにどんな大学に新設が必要かも含め、国家の戦略、国づくりのビジョンが求められている課題だった。それなら、それぞれの大学に手を挙げてもらって公開して議論するところから始めればよかったと思う。

三浦　石破茂さんが地方創生担当大臣のとき、石破四条件がつくられました。二〇一五年六月三十日に閣議決定された「『日本再興戦略』改訂２０１５」に盛り込まれた、国家戦略特区における獣医学部の新設の検討というもので、

1、現在の提案主体による既存獣医師養成でない構想が具体化し、

2、ライフサイエンスなどの獣医師が新たに対応すべき具体的需要が明らかになり、かつ、

3、既存の大学・学部では対応困難な場合には、

4、近年の獣医師需要動向も考慮しつつ、全国的見地から本年度内に検討を行う。

としています。

猪瀬　その指針はわかりやすい。公開で公募すればよかった。

三浦　私がテレビ朝日の「サンデーステーション」に出演したとき、石破四条件のフリップは番組のなかでは、加計学園ありきという政権の意向を示す根拠材料として使われていましたが、実際には違いますね。

猪瀬　一つの定義だから。

三浦　そうなのです。むしろこの四条件は参入障壁の高い獣医学部に関し、規制側と規制を打破する側の折り合いを付けるためにつくられたものですから。

猪瀬　四条件は「これだけは満たしなさい」という最低条件で、公平な内容だったと思う。

三浦　若干、規制側に引きずられてはいますが、日本の現状を考えると仕方がなかったということなのかどうなのか。私に言わせれば、そもそもあのような形で官僚の権限を認めるのはおかしい。獣医師の供給数を官僚が決めるということ自体がナンセンスです

猪瀬　文部科学省がね。いや、厚生労働省や農林水産省も絡んでくるのか。

三浦　学部の設置は、文科省の所管です。

猪瀬　学校の認可は文科省の権限だけれども、医師や歯科医師は厚生労働省、獣医師は農

林水産省の管轄でもある。だから、そういう省庁のタテ割のなかで、国家的見地から何が正しいかを判断しなければならない。

三浦　元農林水産副大臣で日本獣医師会顧問の北村直人《きたむらなおと》さんが規制強化側の大物だと言われています。

北村さんは石破さんと衆議院議員当選の同期です。当然ながら石破さんに影響力を行使するでしょうし、陳情もするでしょう。現に力を持っているでしょうね。そういう規制派に対して、官邸がもっと規制改革に振ればいまのような問題は起きていなかった。中途半端なことをやっているから、おかしなことになっています。

萩生田《はぎうだ》さんがメモをねじ込んだことになっているのですが、内閣府の方からはそういう情報は出ていません。文科省の役人が萩生田さんだと言っているので、官邸サイドは根拠がないということで押し切ろうとした。水掛け論ですね。

獣医師会がどれだけ力を持っているのか、この程度と言ったら申し訳ないけれど、そんなに政治力が必要な案件であったこと自体がおどろきです。

猪瀬　医師会は十六万人、歯科医師会は七万人、これはよく知られていたが獣医師も全体では四万人いる。これまであまり話題になってこなかった。

三浦　猪瀬さんが道路公団改革に取り組んだように実際の経験があれば、岩盤規制ということの意味がわかりますが、それが外から見るとわからない。

猪瀬　結局、加計学園ありきで最初から話が進んでいたということか。

三浦　そうかもしれません。私としては、六月三十日の朝生における、安倍政権が中途半端だからこのような議論が続いているという慶應義塾大学の小幡績《おばたせき》さんの指摘が一番しっくりきます。

猪瀬　安倍さんはその後、獣医学部が必要であれば、二つでも三つでも作ればいいと言った。騒ぎになってから言うのは無責任すぎる。

三浦　そう。なかばヤケになっているように見えます。そもそも獣医師や医師のような専門職に対しては、国が品質保証するために国家試験を課したり、免許を更新制にしたりするのはいいと思いますが、供給数を決める必要はありません。専門職の養成にはお金がかかり、国の補助金が入っているわけですが、それは補助金の総額を決めればいい話。私はもっと市場原理に任せればよいと思っています。

猪瀬　そうであっても官邸は見識がなさすぎる。僕は三浦さんとはちょっと違ってやっぱり適正数というのは客観的に算定して決めるべき話だと思うけれど。

獣医学部は岩盤規制だった

猪瀬　道路公団改革では、国土交通省の交通需要推計の見通しが甘すぎると指摘した。二〇〇六年から人口減少社会になり運転免許者数が減るはずなのに、交通需要は未来永劫《えいごう》に増えるとして高速道路をつくり続ける根拠にしていた。僕はその矛盾を突いて、交通需要推計をやり直してもらうことにした。それを公開の場でやったから、論争に決着を付けることができた。

　だから、今回もデータとロジックをもとに公開の場でやればよかった。なぜ、それができなかったのか。

三浦　規制側と規制改革側の間に立つ人の意見とか、第三者的な要素が全く欠けていたからだと思います。

猪瀬　単純に言えば、道路公団民営化委員会みたいな組織、つまり獣医学部を作るべきかどうかの委員会のような組織を作って議論すればよかった。

三浦　有識者の組織があって、提言を出しているのだけれども、玉虫色の内容だったのです。

猪瀬　たしかに委員会をつくっても、事務局任せになっているものも少なくない。官僚がデータを作成するが、やはり限界がある。結局、意思決定を見える化できなかったということだろう。

三浦　そうなのです。役人主導だから、地域活性化の一連の案件をひっくるめて、総合特別区域第一次指定、第二次指定、第三次指定みたいなのを大括《おおぐく》りでやっただけで、獣医師の数といった細かい話にはならなかったのでしょう。

猪瀬　最初に名乗りを上げたところに優先権があるのはその通りだと思う。以前から問題提起していた加計学園に優先権があるというのはわかる。でも問題は実際に安倍首相と加《か》計《け》孝太郎《こうたろう》理事長が友だちだったので話が大きくなった。

三浦　そうですね。でも日本政治でそれを否定したら何もできなくなる。自民党政治とは口利きそのものだし、議員にそれを求めているのは国民ですよ。特に小選挙区の政治家が地元回りを細かく行うのは口利きの案件を吸い上げるため。政権幹部も経団連のトップたちと食事できなくなりますよ。輸出企業の後押しをするために円安誘導しているわけだから。

猪瀬　加計学園の前段にある森友学園の問題にしても、首相夫人の安倍昭恵《あきえ》さんが名誉校長になったりすることがなければ、こんな騒ぎにならなかった。

三浦　獣医学部の改革については一九八〇年代からやっているものです。インターネットで出てくる資料などを読むと、昭和の時代からどの大学に獣医学部を置くとかいった検討がずっと行われてきたのがわかります。たとえば、「獣医学教育に関する基準」を大学基準協会が改訂したのが一九八六年だとか、ものすごく長く議論はされています。

猪瀬　岩盤規制ということになるが、言い換えれば問題の先送り体質でもある。

三浦　その通りです。文科省と関係大学の間でやりとりしてきたわけだから、新しい大学が入る余地など、とてもなかったと思います。

猪瀬　だから、改革ができなかったわけだけれども、既成の獣医学科を増員することで間に合わせるといったやり方もあっただろう。

三浦　とはいえ、日本獣医師学会が出している諮問文などを見ると、そこに名を連ねている人たちがまさに岩盤規制に関わっている面々です。そこでも口蹄疫《こうていえき》の対策に従事する獣医師が足りないとは言っているのですが。だから、ステークホルダー以外が参入できない世の中を是とするか非とするかなのですが。

猪瀬　ペットクリニックが増えるいっぽうで、たとえば口蹄疫に対応する産業獣医師がいない。この近くの六本木界隈《かいわい》なんてペットクリニックだらけになっている。

三浦　それでも、まだ治療費が高止まりしているのが実情です。うちでも料金が高いなあと思いながらも、ペットクリニックに通っています。

猪瀬　歯科医師は数を増やしたことで競争が生じて、技術水準が高くて評判のよい歯医者さんが繁盛している。僕が子どもの頃は、歯医者さんにはどこも患者が列をつくって順番待ちだった。ところが、一九七〇年代に各地の大学に歯学部が新設されて、気がついたら歯医者がものすごく増えていた。なぜ、あれほど急に歯科医師が増えたのか。歯科医師会はなぜOKを出したのか。それはいま思えば不思議ではあるが、歯科医師の技術向上が平均寿命を押し上げることに大きな貢献を果たしている。

三浦　獣医師が増えて治療費が下がれば、口蹄疫に対応する獣医師も出てくるでしょう。バランスも取れるのではないですか。

猪瀬　適正規模なんて総理大臣が「適正規模にしなさい」と指示すれば済むこと。

防衛医大を卒業しても軍医にならないように、獣医学部を出ても家畜や防疫のための獣医師にならずペットクリニックを開業してしまうなら意味はない。むしろ議論すべきは政策的にインセンティブを考えることだったのではないか。加計学園が愛媛県に獣医学部をつくっても卒業して地元に就職して公務員獣医になってくれるかどうか、そのための仕組みを同時に提案すべきだった。加計学園の獣医学部の一学年の定員は一六〇人。そのうち授業料半額の地元枠は二〇人しかいないのはなんだかなあという感じだ。

獣医師の問題は、もっと正面から論じられてよかったはずだった。国際比較（一人当たりの獣医師が診る動物数、人口対獣医師数）の統計によると、日本では獣医師の絶対数は不足していない。なぜ五十年間も獣医学部がつくられてこなかったか、その背景には一九六〇年に一五〇〇万人だった農業就業人口が、一九九〇年に五〇〇万人、二〇一六年では二〇〇万人を割っていることがある。つまり産業構造が転換してむしろ獣医師数は余り気味だった。代わりにペットブームが需要を満たすことになっていまに至る。

三浦　そうなのです。

猪瀬　適正規模を検討して、候補に挙がった三つほどの大学のなかに加計学園が入っていても全く構わないと思う。なぜ、そんなことですったもんだしたんだろう。

三浦　規制側が強かったからでしょう。

猪瀬　でも、僕が道路公団改革をやったときは、道路族が相手だったんだ。

三浦　すごそうですね（笑）。

猪瀬　道路族に比べたら獣医族なんてたいしたことないんじゃないか。

三浦　だから、規制改革側の戦う気力と、反抗する勢力の気力とのバランスじゃないですか。規制改革側は、猪瀬さんほどやりたいと思っていなかったのでは？

猪瀬　つまりビジョンや使命感に駆られた政策提言ではなかった。

三浦　だから、国家戦略特区といった名ばかりのものをつくったけれども、たいしたことをやってないことが今回、バレたということでもあります。

猪瀬　安倍総理の構造改革は進んでいなかったということが露呈したわけだ。それこそ抵抗勢力をはっきりさせながら改革を断行すれば、安倍さんの実績も評価されるし人気につながったと思うけど、そういう戦いが見えなかった。安倍総理の支持率が下落しているのは、加計学園の問題もあるが、獣医学部のビジョン一つつくれない、改革ができていないじゃないか、アベノミクスの三本の矢は金融緩和だけで他はどこへ消えたのかという期待ハズレ感が浮き出てきたのではないかと思う。

大学の無償化は避けるべき

猪瀬　自衛隊の問題でも議論していたが、安倍総理の出すものは、なぜそれが必要だと思っているのか、わからないものが多い。たとえば改憲について宣言したメッセージのなかで、高等教育の無償化を盛り込むことも提案していた。僕は大学教育の無償化には賛成できない。

三浦　私もです。維新の勉強会で講演したとき、大学の無償化には反対ですと言いました。しかし、自分が高学歴な人間ほど、一般的には大学の無償化に賛成しがちです。

　私は自分のような生き方をしている人だけを肯定したり、そうした人々を優遇したいという気持ちは全くありません。国家として、四年制大学を出て碩学《せきがく》志向的なホワイトカラーを量産することにどのような意味があるのでしょうか。むしろ学力差による所得格差を拡大してしまうでしょうね。

　いまでも親の保証なしに個人で借りられる奨学金があるのですが、貧しくて大学に通えないという子のためにはもっとたくさん無利子で借りられるようにすればいいのです。

猪瀬　アメリカは奨学金をもらって大学に通い、それを自分で返すものが主流になっている。

三浦　返還しないでよいものも成績優秀者にはありますが、ローンは自分で返すものが多いですね。

猪瀬　アメリカの有名大学の学費は高い。

三浦　非常に高騰しています。そのため、学費免除の成績優秀者の枠に入るか、奨学金をもらうか。あるいは、リサーチ・アシスタントやティーチング・アシスタントをしながら給料をもらい、博士課程を修了する学生が多いです。

猪瀬　僕は母子家庭で私立に行くお金がなかったので、地元の国立である信州大学に行ったのだが、当時の国立大学の授業料は一万二千円で、私立大学が十万円ぐらいだった。国立が私立の約十分の一の安さだったから、貧しくても国立なら何とか行けた。だけどいま国立でも私立の半分以上に上がっている。代わりに私立大学の経営に私学助成金という多額の予算をつぎ込み半公立的になって文教族議員の利権になったし、文科省の天下りが問題になっている。文科省の岩盤規制を批判するのは一面的なところもあって、医師、歯科医師、獣医師への私学助成は高額なので増やせばよい、というわけではない。

三浦　大学に対する役所の干渉もひどいものですが、大学内の自治も問題を抱えているのが現状ですね。

猪瀬　私学助成金を出しているから、そういう体質が温存されている。戦前の治安維持法への反動があり、大学が自由の砦《とりで》だと言われていた時代があった。六〇年安保闘争の頃はまだ牧歌的で、大学教授と学生がいっしょにデモに行ったりしていた。でも、六〇年代後半の全共闘の頃は、学生が教授に対して「おまえら大学の自治とか言っているけど、ただの特権じゃないか。バカ野郎」などと罵声《ばせい》を浴びせたりした。大学は社会主義思想に覆われており、教授たちも産学協同に反対していた。産学が協同しなければ産業の発展などないのに。学生当時の僕は大学なんて「国民休暇村」みたいなものだと言っていた。

独立行政法人化されてからは、変化はあった。成果を挙げろ、とはっぱをかけられるようになり、僕も東大の客員教授に呼ばれたりするように変わってきてはいる。ただ、いまでも横並びで、各々の大学が自分たちのビジョンとミッションを明確に掲げて運営している、というような印象は薄い。

戦前のナンバースクール

猪瀬　戦後の大学にビジョンが消えたのはＧＨＱによって六・三・三・四制に画一化されてからだが、その点、明治期の高等教育は非常に明確なビジョンをもって運営されていた。僕のオンラインサロンで学校制度について質問する学生がいたので、夏目《なつめ》漱石《そうせき》の『三四郎』の話をして戦前のナンバースクールがどうつくられたか、概要を説いたことがあった。

三浦さんは、ナンバースクールを一から八まで言える？

三浦　いや、言えないです。

猪瀬　言えないでしょう。みんな割と知らないいんだよ。

旧制高校というのがあって、一高（第一高等学校）がまず東京にできた。当初は第一高等中学校だったが、高校と中学を分離した。夏目漱石の漱石山房と呼ばれたサロンに出入りしていた学生たちは一高生。芥川龍之介《あくたがわりゅうのすけ》もいたし、遅れて菊池寛《きくちかん》も加わった。いまの東大駒場《こまば》に当たる。二高が仙台《せんだい》、三高が京都、四高《しこう》が金沢《かなざわ》、五高が熊本、六高が岡山、七高が鹿児島、八高が名古屋《なごや》。明治時代に中央集権国家をつくるとき、まず八校をナンバースクールとして全国にバランスよく配置した。

この八校のナンバースクールだけでは足りなくなるが、その後は九高はつくらず、さらにバランスよく増やすために旧制松本《まつもと》高校、静岡高校、新潟高校、青森県の弘前《ひろさき》高校などを設立し、ニーズに応《こた》えるようになった。

旧制高校の入試は難関だったが、卒業すると帝国大学へ進学できた。帝国大学は、東京、仙台、京都、大阪、札幌《さっぽろ》、名古屋、福岡に置いた。ナンバースクールとは場所が必ずしも被っているわけではない。太宰治《だざいおさむ》が通ったのが弘前高校だ。これら旧制高校は戦後、新制大学になった。

旧制高校や帝国大学だけでなく、当時の高等教育機関は国土開発を考えていた。クラーク博士の「ボーイズ・ビー・アンビシャス」で有名な札幌農学校は、北海道を開拓するためにつくられた。拓殖大学は、元は台湾を開拓するためにつくられた。

また東京商大、大阪商大、神戸商大の三商大をつくったのは産業社会に必要な人材を供給するためで、いまの一橋大学、大阪市立大学、神戸大学に当たる。

それから高等商業学校を設置した。旧制高校と同じ三年制で、五年の旧制中学を出た後に入るんだけど、卒業後はすぐに社会に役立つ存在になる。それが横浜《よこはま》高等商業、小樽《おたる》高等商業、彦根《ひこね》高等商業で、いまの横浜国立大学、小樽商科大学、滋賀大学ですね。

さらに高等工業をつくった。後に東京工業大学、九州工業大学、名古屋工業大学になる。

こうして複層的な教育体制を構築して行ったので、中央集権と言いながらも、国家戦略的でありかつ地方分権的に配置されていて、全国的なバランスが非常にいい。

三浦　ええ。

猪瀬　医専もできた。いまの東京女子医科大学の前身は女子医専。帝国大学医学部だけでは医者が足りない。各地に旧制中学や女学校を卒業して速成で三年で医者になれる医学専門学校（後に四年制に）もつくった。軍医も町医者も供給しなければならなかったから。私立の場合、たとえば中央大学の法科は弁護士を育成するための専門学校だったたし、明治大学の商科は公認会計士を養成する専門学校だった。

そうやって、すぐ医者になれたり、実業界に入れたりする制度もあり、すごくバランスの取れた学校制度だった。

こういう教育制度とは別に、陸軍士官学校や海軍兵学校と将校養成コースができた。陸士・海兵の生徒はものすごいエリート。僕の高校の先生が陸士出身で敗戦で行くところがなくなった結果教師になったのだけれど、二十歳そこそこで生徒一人に馬引きが一人付いたと言うから、別格の待遇だった。

三浦　それは、すごいですね。

猪瀬　その陸軍士官学校の上に陸軍大学校という幹部養成課程があるけど、卒業生の一割しか進学できなかった。

国づくりのための教育

猪瀬　それから、義務教育を整えるために師範学校、今で言う教員養成学校が都道府県すべてにつくられた。あらゆる村に義務教育の尋常小学校があったからね。明治五年には、学制が布告された。その序文に「必ず邑《むら》に不学の戸なく家に不学の人なからしめん事を期す」と書かれ、日本で初めての近代的教育制度がスタートした。これによって、江戸時代の寺子屋が尋常小学校に生まれ変わった。

尋常小学校を卒業した後、二年ほど通う高等小学校というのもあった。元首相の田中角栄が高等小学校卒業だったけど、多くの児童は高等小学校を出て丁稚《でっち》奉公《ぼうこう》に入った。

それから、高等師範学校もできた。

三浦　旧制中学の教師を養成する学校ですか。

猪瀬　そう。旧制中学の先生を供給したのが、東京高等師範学校と広島高等師範学校。いまの筑波大学と広島大学だ。だから、小学校の教師は各県ごとにある師範学校で養成され、旧制中学と各地の師範学校の教師は高等師範学校で養成された。

当時は旧制中学や旧制高等女学校に入るのは余裕のある家庭の子どもで、お金がかかるので子どもを進学させられる家は少なかった。だから旧制中学出でも高学歴だった。五年制の旧制中学校にはクラスで数人しか進学できない。

旧制中学から高等商業や高等工業を出た生徒はさらに高学歴で、三井とか三菱に入って働いた。大正時代にサラリーマンという言葉が生まれたのだけれど、高等商業の卒業生はたちはそのサラリーマンになって通勤した。それまでは自営業者である商人と職人、お百姓さんがメインだったけど、工場ができたりオフィスができたりして勤め人が増えていく。

帝大文科と文学青年

猪瀬　明治時代につくられた帝国大学は、要するにヨーロッパの近代制度の翻訳機関として実用的な目的があった。三島由紀夫の祖父は回り道をしているから、二十代半ばで帝国大学に進学し、二十九歳で卒業している。

三浦　ずいぶん遅いですね。

猪瀬　当時は回り道をするのが当たり前だった。その三島の祖父が国際法の本を執筆して出版している。官僚機構もできたばかりなので国際法の知識も不足していた。役人が自分で解説書をつくって間に合わせていたぐらい急を要していた。

ヨーロッパの法律用語や哲学用語も、それに該当する適当な日本語がない。いまの日本語は、言文一致の近代日本語。夏目漱石や森鷗外《もりおうがい》たちが散文のあるべき姿をつくるのですが、これがまさに国づくりの初歩だった。だから、文学の発生というか、作家の誕生も、そういう国家形成の役割を担っていた。

樋口一葉《ひぐちいちよう》の『たけくらべ』などはしなやかな文章で、擬古文と呼ばれて江戸の女性の文章を洗練させたものだけど、夏目漱石や森鷗外によって日本語の散文の原型ができて、近代日本の認識やコミュニケーションが基礎づけられた。

そういう流れのなかで昭和時代に入り、後発の旧制高校である弘前高校から東京帝国大学に進学したのが、太宰治だよ。当時、東京帝大の法学部には試験があったけれど、文学部は無試験だった。

三浦　なぜ無試験だったのですか。

猪瀬　卒業しても役に立たないから。鷗外・漱石の世代がやることをやってしまった。

三浦　（笑）そうなのですか。

猪瀬　だから、帝大の文学部は定員に満たなかった。卒業しても、せいぜい旧制中学の先生になれればいいほうで、朝日新聞とか時事新報に入れるのはほんの一握りの学生に過ぎなかった。法科に行けば官僚になれるが、文科では行くところがない。高等商業を出たほうがよっぽどよい就職先が見つかる。

それで、文学部を出ても行き場のないモラトリアム青年がたくさん生まれて、そういう文学青年たちが、ピース又吉直樹《またよしなおき》の『火花』に出てくるお笑い芸人みたいに、目立ちたがり屋が一旗揚げようとして小説を書いた。

三浦 あ、そうか。

猪瀬 僕の『マガジン青春譜』という作品は、川端康成《かわばたやすなり》や大宅壮一などそういうモラトリアム青年たちの葛藤《かっとう》を書いた。

五年制の旧制中学と三年制の旧制高校なので、旧制高校はいまの高校三年、大学の一年、二年にあたる。旧制高校への入試は難関だったが大学入試は実質的にないので受験勉強する必要がない。だから旧制高校というのはリベラルアーツの世界だった。デカルトやカント、ショーペンハウエルの哲学書を読んで天下国家について論じ、酒を飲む。ちょっとエリート臭いけど、それが旧制高校の文化だった。

三浦 ええ、その辺りはわかります。

猪瀬 そのなかで文学論をやったりする帝大文科の学生たちは卒業しても行くところがないから、作家になって一旗揚げるしかない。そのために女性とスキャンダルを起こしたり、事件を起こしたりしてそれをネタに小説を書くという風潮が、明治時代の後半から大正、昭和の初期まで続いた。

三浦　夏目漱石の後の人たち？

猪瀬　そう。夏目漱石や森鷗外は超エリートだから、国費で外国に留学して国づくりのために学んでいる。だから、ただでは帰ってこられない。

森鷗外はドイツで医学を学び、帰国してからはヨーロッパ最先端の文献の翻訳をしたり、ヨーロッパ的な文体で記録文学をつくってみたり、試行錯誤をした。

夏目漱石はイギリス文学を学んで帰国し、散文の形成に貢献した。近代的自我という言い方があるけれども、たとえば『三四郎』では、エリート青年と翔《と》んでいる女性を題材に近代的個人を描いてみようと苦闘した。

でも、その後の作家は落ちこぼれをよしとするような風潮で、近代国家を支えるような文学には成長していかなかった。結局、帝大の法科や陸士・海兵を出た連中が国家を支える主軸となり、本来、彼らと拮抗《きっこう》するはずの文学あるいは論壇の世界の影響力は低かった。明治時代を過ぎると、何か真剣味が欠けてしまったのだろうね。

日露戦争のころ、軍事費が国家予算の半分以上を占めていた。だから、アパートの住人がローンでベンツを買うようなもの。そこまで身を削らないとやられてしまうという危機意識が、国づくりの基礎になっていた。

三浦　そうですね。

猪瀬　日清戦争にしても、簡単に勝ったように考えられているけれど、清国の北洋艦隊は、軍艦をドイツから購入した最新鋭で強大だった。

でも、軍艦はオペレーションだから、工場を運営するシステムとノウハウがなければ、いくら大きな軍艦を買っても使えない。日本はまじめだから、そのシステムとノウハウをマスターできた。

日本は、外国から帰ってきた留学生を中心に陸士・海兵というエリート機関を作り、徴兵制を敷いて軍隊を整えた。いっぽう清国の軍隊は傭兵《ようへい》みたいなものだったと思う。有名な話だけど、清国の軍艦には洗濯物が干してあったという。だから、勝てると思わない日清戦争に勝てた。

三浦　なるほど。

猪瀬　日清戦争の前に長崎で事件があった。清国・北洋艦隊の「定遠《ていえん》」「鎮遠《ちんえん》」などの巨大軍艦が長崎に入港し、上陸した水兵たちが酔っ払って大暴れした。それで、日本の警察が逮捕したら、数百人の水兵がなだれ込んで市街戦のような斬り合いになり、日清双方で八十人近い死傷者が出た。

この事件は、日清それぞれの法律で公平に処分することで何とか決着にこぎつけた。しかし、清国は当時「眠れる獅子《しし》」と呼ばれる大国だったから、事件後、日本は清国との衝突に備えて、しゃかりきになって軍艦の建造計画を進めた。そうやって、周到に戦争の準備をしていたからこそ、日清戦争に勝つというサプライズにつながった。

三浦　当時は危機感を持つ人が多かったですからね。

猪瀬　そう、富国強兵。国民国家として、ヨーロッパのシステムである徴兵制を導入していたから勝てたのだと思う。

一八五三年に黒船が来航したときは、核弾頭を突き付けられたような驚きだった。それで、関税自主権のない不平等条約を結ばされてしまった。だから、とても国民国家とは言い難いような、ひどい状態からのスタートだった。そういう意味で、日清戦争や日露戦争は、日本の独立戦争だった。

この時期に日本は必死になって健全な国づくりをしていたが、残念なのは文壇や論壇が育たなかったことだ。僕が言う文壇というのは狭いサークルではなくて、世界観を構築するところ、日本独自のビジョンをつくるという意味。

日清日露という独立戦争に勝って、日本が国際社会のなかでどのように生きて行くかという思想をつくるのが、大正時代から昭和初期にかけての課題だったのだけど、それができなかった。この時期になぜ、思想形成ができなかったのかを詰めておかないと、また同じことが起きる危険性がある。

家族の戦前戦中

猪瀬　こうした話を親族から聞いたことはなかったですか？　出身はどこ？

三浦　私が生まれたのは神奈川県茅ヶ崎市《ちがさきし》で、小学校二年生になるときに平塚市《ひらつかし》に引っ越しています。私の母は逗子《ずし》で育ちました。

母方の祖母の家系は京都の出で、代々、婿を取る形で存続してきた女系家族でした。でも、明治天皇が東京に移られたのにお伴《とも》して東京に移ってきてからは、男系相続になったようです。

私の母方の祖父は慶應義塾大学ラグビー部の主将で、早稲田大学との試合中、相手のスパイクで蹴《け》られて腹部をケガしています。それで、障害があるという理由で徴兵を免れたのですが、ラグビー部の仲間たちはみんな出陣して行きました。だから、敗戦後に生きて帰って来た仲間たちは祖父の家に入り浸って食いつないだと聞きます。

父方の祖父は門司《もじ》の地主一家の出で、中島飛行機に勤めて歯車の研究を専門にしていたようですが、私が小さいころに亡くなりましたから、そういう話を聞いた記憶がほとんどありません。

猪瀬さんが話したナンバースクールだとか、戦前の教育制度の話だとかはあまり聞きませんでしたね。

私自身は東大を留年して社会科学に転向することで、夫や同級生たちが「公共善のために」みたいな話を頻繁にする文化に初めて触れました。我が家は親二人とも文学部でしたから、むしろ問いは「人間、いかに生くべきか」でした。

東大の国際関係論専攻はある種外交官養成所みたいなところがあって、うちの夫もそこを出て一旦は外交官になったけれど、やはり無理でした。文化的になじめないものがあったと思います。「公のため」ということだけでは人間の生き方や哲学って曲げられないものなんです。二年ちょっとしか続かなかった。その間私はひたすら家で夫の帰りを待つ生活でしたね。

猪瀬　待っているというのはどういうこと？

三浦　国会対応で朝になって帰宅するのを、自宅で寝ずに待っている。

猪瀬　ああ、そういうことね。

三浦　当時は小泉純一郎《じゅんいちろう》政権だったのですが、田中真紀子さんの後に外相になった川口順子さんが割と軽量級だったので実質的に外交を仕切っていた福田《ふくだ》康夫《やすお》官房長官にブリーフィングしたり、待ち時間も長いわけじゃないですか。夫は下役だから、用意した資料を持って延々と待っている。本人は大きな歯車のうちのごく一部をやっていたわけですが、裁量がそんなにあるわけではなかった。

日本の大義とは何だったか

猪瀬　これまで話したように、明治時代の日本には大義があった。

黒船が来航して、日本は急いで国民国家の形成に取りかかった。そしてアジア、アフリカがつぎつぎに欧米列強の植民地になって行くなかで、日清日露という独立戦争を戦った。そこで芽生えた意識というのは、ヨーロッパの帝国主義に対してアジアが自立するということだ。アジア主義と呼ばれた。日本は独立戦争をしていくプロセスのなかで、世界史のなかでの役割に目覚めた。それを大義と考えた。

たとえば、日本の伝統美術を再評価した岡倉天心《おかくらてんしん》は、「アジアはひとつ」の冒頭句で知られる『東洋の理想』を著した。アジア諸国がヨーロッパの帝国主義に巻き込まれて奴隷になっていくなかで、本来のアジアの優れた文化を示した。列強と戦うのは大義でもあった。別に右翼と言われる人たちだけでなくて、ふつうの日本人の心のなかに芽生えた意識だった。

三浦　でも、そういう意識を持った人たちは非常に限られた層だった、つまり大義を発見し、近代国家を設計した人たちはごく少数だったというのが、私の認識です。少なくとも、私の家族には、そういう公的な大義はなかったのではないかと思います。

猪瀬　三浦さんの祖父母の話はもっとずっと後だから。

三浦　祖父母はね。

猪瀬　そう。明治から大正にかけての話だから。たとえば、清国がイギリスに香港《ホンコン》を割譲させられたりして滅びていくとき、宮崎滔天《みやざきとうてん》とか、いろいろな日本人が、中国革命の父と言われた孫文《そんぶん》の支援活動をした。右翼だけでなく、大義として国民に根づいている思想が底流としてあったんだよ。

三浦　新聞の論説などで大義が語られて、それについて一般国民が話し合ったということですか。

猪瀬　新聞によってもそうだが、目前の現実として、日本は生存競争の渦中にいた。日露戦争にはかろうじて勝ったけれど、アジア諸国はほとんどが植民地になっている。だから、危機は続いているという意識はあった。

福沢諭吉は「脱亜論」を説いた。つまりアジアの悪い兄弟たちと生死を共にしていたらいっしょに滅びてしまうから、アジアの兄弟たちとは謝絶すべきだと言った。

いっぽう樽井藤吉《たるいとうきち》という思想家がいて、朝鮮と日本が対等合併していっしょに列強と戦ったほうがよい、と「大東合邦論」を唱えたりした。アジア諸国が連帯していかないと、ヨーロッパの帝国主義に食われてしまうという考え方だった。これも危機意識による。

そういう思想の流れは大正から昭和初期にかけて続いたが、とりわけ満州事変以後は身勝手な侵略と呼ばれても反論はできない。ただアジア主義は底流としてあって、日米戦争の敗戦後にインドネシアに残って、宗主国のオランダに対する独立戦争に加わった日本兵が少なくなかったのは、根底にそういう世界史の大義が生き残っていたからというのも一面の真実ではある。

三浦　猪瀬さんの言う健全な思想の持ち主は、いまの日本に実在するんですかね。

猪瀬　最近はいつの間にか嫌韓《けんかん》・嫌中になってしまったから。

日清・日露は日本の独立戦争という話をしましたが、大正時代には産業資本も育ちサラリーマンも生まれ経済が発展するが、大正時代半ばに第一次世界大戦があり、その特需により日本のＧＤＰが一気に大きくなる。高等教育機関も整って職業が多様化した。昭和に入ると消費社会が拡大して、個人主義的な傾向が強まった。スクリーン、スポーツ、スピードの３Ｓがもてはやされ、特急列車が走り、ダンスホールは客でいっぱいになる時代が到来した。それにともなって世界史のなかの日本としての大義が忘れられ、アジア主義的な思想は希薄になっていった。

三浦　大義というのは、一時それほど活発で、かつそんな簡単に忘れられるものなんですか。

猪瀬　独立できたことで、自分たちは欧米列強の側にいると錯覚しはじめたから。しかし、欧米列強による圧迫感は相変わらず強くて、関東軍作戦参謀で満州事変を仕掛けた石原莞《いしはらかん》爾《じ》は世界最終戦争を予言した。

世界最終戦争は有色人種と白色人種の決戦になるだろうから、いまからその戦争に備えて準備をしなければならない。それまでに日本は満州を豊かにし、アメリカに並ぶ国力を養って、軍事力の高度化を図っていかなければならないという主張だった。昭和五年前後の時点で四十年先の予想だったから、一九七〇年ぐらいのことを言っていた。つまり、国家間の生存競争というのは宿命的なものだと考えていた。

ヨーロッパは第一次世界大戦で殲滅戦《せんめつせん》を繰り広げ、これ以上やったらお互いに滅亡するという危機意識から、一九二八年にパリ不戦条約が締結された。でも、日本は世界大戦に至るプロセスを経験していなかったので、石原莞爾は、最後は日本が盟主になったアジアとヨーロッパ帝国主義の決戦になると予想し、実際にそのリアリティを持っていた。国力が涵養《かんよう》されるのは四十年後のはずですが、実際には十年後に日米戦争に突入したわけで、とても勝てる見込みなどなかった。

三浦　大正時代から昭和初期にかけて、第一次世界大戦後の戦間期に世界が享受した豊かさをほとんどの国は平和と繁栄につなげられず、結果的に第二次世界大戦に突入してしまう。それは社会や政治の制度の弱さがあったから。あるいは外敵としての共産主義や軍国主義の脅威が強かったから。第一次世界大戦が始まる前にもグローバル化が進んだ時期があって、いまから考えられないようなパワフルな産業勢力が生き馬の目を抜くような競争を繰り広げ、みんなの生活が豊かになっていたのです。経済が自由化されたのち、健全な競争をする層の厚い経済主体ができること。そこに人々が組みこまれ、経済人として活動し、文化や商品を消費する。それが社会に成熟と強じんさをもたらします。

民主化と言うときに、政治の民主化も重要ですが、経済の民主化が社会の発展のためにとても重要だと私は思っているのです。猪瀬さんが指摘していたように、国家の運命を感じ取った人たちによる戦略はあったかもしれないのだけれども、世界大戦前後の社会に欠けていたのは、経済的な豊かさを民主化できなかったことではないでしょうか。

それは政治による分配という問題とは異なるものです。

だからこそ、私は「覚醒《かくせい》している」人の範囲にこだわるのです。明治維新だったら少数の志士たちだったかもしれないし、その後、国家が整備した教育制度によって養成されたエリートたちだったかもしれない。その人たちはごく一部のエリートであった。経済セクターにも渋沢栄一のような国士然とした経済人が出たけれど、層が薄かったのではないでしょうか。

その結果、安全保障環境が悪化したとき、経済のロジックで考えたり合理主義をとったりするのではなく、民意や軍部に引きずられた総力戦を戦い失敗したわけです。

そういう視点で戦後を見ると、財閥が解体され、農地が解放されていったん戦前のしくみや文化が滅びた結果、戦後の日本は政治の民主化とともに、韓国がいまだ成し得ていない経済の民主化を実現しました。高等教育を受ける人の割合も人口の半数に達し、女子教育も盛んになった。つまり、いいところまで来たわけですよ。

だから、不足しているのはおそらく、猪瀬さんが言うように、国家観であるとか、公的な感覚だとか、自分がいまどこに立っているのかという時代感ですね。そういう公的な感覚を教育からはぎとってきたから、戦後も経済の豊かさを公的な市民の意識へと生かすことができなかったのではないか。ナショナリズムのかわりに一般国民にアイデンティティを提供したのは平和憲法の誇りでした。けれど、その憲法は欺瞞とごまかしに満ちている。その意味では、個が確立していないのは戦前と一緒なのです。

戦後を否定する気は毛頭ありません。パブリックマインドのある自立的な個人が育てばよかったのにと残念に思っているのです。それは、明治の時代に夏目漱石が提起して以来のこの国の課題なので土台無理なのかもしれませんけれどね。

第四章　オリンピックは国家の祝祭

健全なナショナリズムは必要

猪瀬　二〇二〇年オリンピック・パラリンピックも間近に迫ってきた。僕は五輪招致は素直な眼でナショナリズムと国家について、あらためて考え方を整理する重要なチャンスだと思っている。

五輪招致の際に、朝日新聞はきわめて冷ややかだった。招致決定の寸前まで、まるで東京招致が失敗すればよいというような否定的な記事を書いていた。招致決定の翌日から、ガラリと見出しを変えて豹変《ひょうへん》するけれども（苦笑）。

たぶん朝日新聞的イデオロギーとしては、日本人が日本の選手を声援することが排外主義的なナショナリズムだと勘違いしているのだと思う。そのくせ日本人選手が金メダルを取ったら、個人的には嬉《うれ》しくて昂奮《こうふん》している。その欺瞞《ぎまん》というか、矛盾について誠実に考えることが求められるように思う。

三浦　うちの娘は六歳でまだ何にもわからないのに、テレビでフィギュア・スケートの世界選手権を見て、「これ日本？」「日本、勝った？」なんて言っています。

猪瀬　オリンピックのようにナショナリズムが高揚する祝祭空間、共生感をいだく機会はほかにない。国民と国家が不思議な結合、あえて言うとジャン・ジャック・ルソーの一般意志のようなユートピアが生まれる瞬間だと思う。

オリンピックで活躍する選手は、自分の親戚とか近所の人とは限らない、元々は見ず知らずの人。それでも日本代表というだけで応援するし、メダルを取ると嬉しいのはなぜなのか。ふだんは国家について考えていないにもかかわらず、自分が所属している世界を追認している。昂奮することは、別にうしろめたいものではないが、それがナショナリズムと呼ばれるといけないような意識になるのは、朝日新聞のようなメディアが五輪招致を否定的に報じたりしたからだと思う。

この話には説明が必要で、以前に「一君万民の風景」としてこう書いたことがある。江戸時代はナショナリズムがなかった。言い換えると、みんなで国を守るという発想はなかった。

日本列島に大小の大名など三百諸侯がいた。将軍は最高の支配者ではあったが人びとは大名の藩が自分の国と思っている。正確には将軍も大名の一人であり、連邦国家の支配者を兼ねていたにすぎない。大名のなかには加賀《かが》百万石のような規模のものもあったが、数万石の小さなものが圧倒的に多かった。人口比で考えれば殿さまは、いわば小さな都市の市長に相当する規模の支配者にすぎない。おらが国は抽象的な存在ではなく、あの山この川と名指しできるように、殿さまは眼に見える具体的な人格であった。

明治維新で、人びとは自分の所属していた手ざわり可能な空間を剝《は》ぎとられた。うぐいすの鳴き声や小川のせせらぎが聞こえるあの山この川、あるいは肥溜《こえだ》めの臭いが漂う田園などといった実感の範囲にあった狭い空間は、一気に拡大されて「日本」という人工的空間に拡げられた。天皇の下にすべてが平等という一君万民の新しい空間秩序のなかで「一君」は抽象的な存在になった。

一君万民の心象風景は、したがって、眼の前の山や川や城とはワンクッション置いたシンボル体系に生まれ変わらなければならなかった。新しい空間秩序を眼に見える風景の秩序として受け入れた。それは天皇の肖像としての「御真影」であったり、富《ふ》士山《じさん》、太陽、桜、松などのシンボルを組み合わせた絵柄であった。あの山この川のような細部のリアリティを欠いていたからこそ、〝地域〟を超越し、すべての日本人にあてはまる、つまり一君万民の共通の風景になりえた。

（『週刊朝日百科』６３７号「天皇――近代化の中の王権」昭和63年5月）

いわば江戸時代までは正式には国家ではなかった。日の丸の旗をつくり、君が代を国歌としたりするのは、「日本」という国号を世界に示して近代国家としての体裁を整える一環だった。

江戸時代は、日本人であるというより、駿河《するが》の国とか越後《えちご》の国とか信濃《しなの》の国という郷土意識のほうが強かった。それをパトリオティズム（愛郷精神）と呼ぶ。北海道から沖縄まで気候や風土が違っていても一つの空間であって、そこに所属しているという意識がナショナリズム。したがって、パトリオティズムは自然的な感情であり、ナショナリズムは近代国家の誕生によって生まれた歴史的な意識であり心情のことを本来は言う。

自分が通った小学校の校庭や近所の里山はパトリオティズムの風景であり、日の丸のゼッケンを付けて走るオリンピック選手を応援してつい昂奮してしまうのはナショナルな心情が血肉化しているから。

富士山にしても、葛飾北斎《かつしかほくさい》が描いた富士山が有名だけど、江戸に近い箱根《はこね》の方向にある山という意識だった。それが、日本という空間のシンボルになった。

志賀重昂《しがしげたか》が明治二十七年に『日本風景論』を書いたのだけど、そこで志賀が言ったのが「日本の風景は世界一美しい」という提言だった。浸食された海岸や、湿気の多い植生や、朧月夜《おぼろづきよ》とか霧のかかった風景とか、火山が多いなど、日本の風土を讃《たた》えた。鹿鳴館《ろくめいかん》の時代、日本人が欧米コンプレックスのかたまりになっていた。ヨーロッパには敵《かな》わないという自虐的な世界に陥っていたなかで、志賀は「日本の風景は世界に誇るべきものだ」と主張した。火山である「富士山は全世界の『名山』の標準」とまで断定した。するとキリスト者の内村鑑三は、エベレストなど大陸の雄大な風景を挙げて、近づきがたく人を突き放した大自然の「崇高」さとは違い、その美しさは箱庭的なもので「人を酔しむるもの」だが、「人を高むるの美」ではないと批判した。エベレストと比べられたら、それは富士山に立場がない(笑)。

昭和のウルトラナショナリズムと違って、明治二十年代の日本には健康なナショナリズムがあった。陸羯南《くがかつなん》、三宅雪嶺《みやけせつれい》、志賀重昂らの国民主義あるいは国粋主義は健全なナショナリズムであったと、あの丸山眞男も言っている。

三浦　そうですね。

猪瀬　つまり、昭和前期のナショナリズムは、特殊なウルトラナショナリズムであって、本来の意味でのナショナリズムではない。いまはナショナリズムというと、すぐに排外主義的なウルトラナショナリズムを連想するけれども、ほんとうはそうじゃない。そういう言い方が定着しているのは日本だけであって、本来ナショナリズムは非常に健康なものだ。

明治維新では、徳川慶喜《とくがわよしのぶ》自身が大政奉還の際に、議会制を作ると言ったわけだけど、国民国家モデルを考える際に重要なのが五箇条の御誓文。

一・広く会議を興し万機公論に決すべし
二・上下心を一にして盛に経論を行ふべし
三・官武一途庶民に至る迄《まで》各其《その》志を遂げ人心をして倦《うま》ざらしめんことを要す
四・旧来の陋習《ろうしゅう》を破り天地の公道に基くべし
五・智識を世界に求め大に皇基を振起すべし

これが日本の国民国家の理念を示したものだと思う。欧米の近代国家モデルの要素がすべて入っている。

三浦　明治国家はそのような理念をもとに富国強兵を目指したわけですが、私がその観点から着目するのは、板垣退助《いたがきたいすけ》のような自由民権派の人たちが徴兵制の意味を重視していたことです。

明治の元勲たちは権力を握った後、政府ないし天皇の下に軍隊を作ろうとしました。旧長州《ちょうしゅう》や薩摩《さつま》など藩閥の軍隊ですね。いっぽう、板垣たちは一君万民の正しいあり方として、つまり万民に権利意識を持たせ、かつ義務を負わせる形で徴兵制をプラスに捉《とら》えていたわけです。

プロの軍人からすれば、徴兵制など要らない。訓練するのがたいへんだし、へなちょこの兵隊は不要だということですけど、それにもかかわらず、強引に徴兵制を導入しようとしたところに国づくりという観点が示されていると思うのです。

明治維新のように徴兵制を導入することで国民の権利意識を育てようという取り組みは他国にも見られて、お互いに交流していないのに同じことを同時期にやっているという面白い現象が起きている。

猪瀬　そうだね。十九世紀はまさに国民国家形成期で、プロシャでもイタリアでも同じようなことが起きていた。プロシャでは百ぐらいあった国がひとつの国家として統一されたわけで、議会や官僚制、徴兵制を伴う国民国家モデルがほぼ同じ形ででき上がって行ったんだね。

三浦　そうですね。

猪瀬　日本の場合、議会の形成が弱かったように見えるけれども、官僚を募集したので貧乏百姓の子どもでも官僚になれた。だから、議会で民間の意見が採り入れられるのと、民間人が官僚になって行くのと両方から国民国家が形成されていった。福沢諭吉は「政府ありてネーション（国民）なし」と国民が育ってないことを指摘したけれど、とりあえず形はできた。

　ナショナルな心情は、近代の国民国家になって初めて生まれて膨大なエネルギーとし蓄積されたもので、それが戦争などでは爆発する。しかし、責任は国民の感情にあるのではなく、戦争を抑制するシビリアン・コントロールができているか否かにある。

　天皇は国民国家の象徴としていまは位置づけられており、具体的な儀礼を担う。さきほど少し触れたが明治の文豪である森鷗外の晩年の仕事も、国家という形式の要素である元号の研究のために費やされた。

　国家には憲法があるが、だからといって必ずしも近代合理主義ででき上がっているわけではない。大臣に任命されれば、皇居で天皇陛下から認証されなければいけない。儀式があって国家が成り立っている。

葬式にしても結婚式にしても、形式なのです。キリスト教徒でもなく教会にも行かないクセに神父さんを呼んで結婚式を挙げているのを見ると、バカじゃないかと思うけれども、ふだんは合理主義でも要するにいざというときには形式を求めている。国家もそれと同じであることに結びつけて考えたほうがいい。

三浦 私もカトリックの礼拝堂で結婚式を挙げましたけど、なぜ宗教方式でないといけなかったのか、深い意味を答えることはできません。別に区役所に行って婚姻届を出せばいいではないかという話ですよね。

猪瀬 そうなのだけど、儀式をやっている。亡くなったらお葬式。朗々とお経を読み上げてもらうのも儀式。三回忌があって、七回忌もある。

儀式は祝祭空間でお祭りもそう。大阪府岸和田市《きしわだし》の檀尻《だんじり》とか、福岡県の博多《はかた》祇園山笠《ぎおんやまがさ》とか、七年に一度の長野県諏訪《すわ》地方の御柱《おんばしら》祭とか。そういうハレの空間を持つことによって、時間のなかに楔《くさび》が打たれている。

三浦 博多祇園山笠とか御柱祭とか、数日の祝祭のために一年がかりで働くのですからね。

猪瀬 極論を言えば、たった三日か四日のお祭りのために毎日、仕事をやっているともいえる。一人の人生でさえその節目節目にさまざまな儀式が設けられているように、国家には国旗や国歌があり、天皇陛下の儀式をテレビで全国中継したり、神社に参拝したり富士山を拝んだりと、振り返ると日常は祝祭だらけと気づく。

西部劇のハリウッド映画を見ると、ネイティブアメリカンの酋長《しゅうちょう》が色彩にあふれた立派な羽根飾りを付けている。一つの役割で述べると、天皇というのは国家の羽根飾りみたいなもの。天皇崩御、改元、即位の式典など、祝祭空間が内在していて国家という形式が成り立っている。そこがわからないと、国家とは何なのかということもわからないし、自分が何かもわからない。

アメリカの大統領選挙も王位継承戦争の側面がある。南北戦争の歴史を引き継いで、四年に一度の内乱を擬制する。一年間以上も演じられる選挙戦は、沈殿していた欲求や不満を攪拌《かくはん》して吐き出させ、新しい王は正統性を得ている。合理主義に見えながら非合理的な祝祭空間で成り立っているのが国家ということ。

オリンピックを東京に招致するとき、どうやって戦ってきたか。スペインのマドリードやトルコのイスタンブールと、それこそ国家対国家、都市対都市、文化対文化の戦いを繰り広げた。僕らはあらゆる手札を使って、日本文化をアピールした。

たとえば東京では電車は三分ごとに正確に運行されている事実を説明する際にも、東京の中心に皇居という空虚な中心があることから説き起こした。禅でいう余白、密度の濃い都市の真ん中に無の空間をつくるのが日本文化であり、その結果、西洋とは全く異なる秩序を形成しているのだと説明した。

そういう日本文化を日本人が自覚することで、国民国家の一員であるという意識も育っていく。最近、「日本はこんなにすばらしい」と自画自賛する風潮があるけれども、そうじゃなくて、きちんと深いところで説明する。他者にわかってもらえるように説明することで自分自身の理解が深まる。すると、相手の国の文化も初めて深いところでつかむことができる。そういう自覚を促すことが、日本に対する責任感に結びつき、納税や防衛の責任感につながる。

例の築地から豊洲市場への移転問題では、小池知事は、築地を解体してオリンピックの駐車場にすること、環状二号線を整備すること、そのぎりぎりの時間を確保するつもりでいた。ところが小池知事の周辺で「たかが一か月のオリンピックのために」と言う者がいた。心底驚いた。何もわかっていない。たかが一か月じゃない。オリンピックは国家にとって大きな意味を持つ祝祭空間なのに。

三浦　わりと軽視なんですね、そこは。

猪瀬　オリンピックの国民国家における役割がわかってない。国家の基本のキがわからないで「たかが一か月」とか言われるとほんとうに腹が立つ。

国民国家において祝祭空間というものは非常に大きな役割を果たしている。経済効果は当然大きい。ただそれ以上に、国家の祝祭として半世紀に一度しか訪れないオリンピックが持つエネルギーは莫大《ばくだい》なものがある。だから、僕は必死でオリンピックを招致した。

三浦　祝祭についての猪瀬仮説はその通りだと思いますよ。

この前の座談会（文藝春秋二〇一七年六月号「真の改革者かポピュリストか　小池百合子の急所を突く」）で、猪瀬さんと一致したのは「国家観がないとダメだ」という点でしたが、他の論者にはあまり理解されませんでした。

理解されなかったというのが、私にはほんとうに驚きでした。早稲田大学教授で元総務大臣の片山善博《かたやまよしひろ》さんが知事にはそんなもの必要ないと否定し、当時まだ自民党の衆議院議員で弁護士の若狭勝さんには理解もしてもらえなかった。

猪瀬　問いかけの意味がわかりにくかったのだろうか。

三浦　私が「小池百合子《ゆりこ》さんの国家観がよくわからない」と主張したとき、若狭さんは

「国家観てどういうもの？」という反応でした。「国家観って靖国《やすくに》のこと？」と聞かれて、国家観というのは共通言語ではないのだとわかりましたけど。

国家の庇護がないとどうなるか

猪瀬　シリアの難民が船に乗って地中海を渡っているシーンがテレビ画面に映し出されています。甲板の上は人で溢《あふ》れて、海上にこぼれ落ちていく。途中で船が斜めになり転覆して多数の難民が死亡している姿を目の当たりにするのは、とても切ない。命がけの渡航の様子を僕らは冷房のきいた部屋のテレビの映像で見ている。国家が無くなった状態とはああいう状態だよ。

三浦　日本が戦争に負けて、満州や朝鮮半島、アジアなどから引き揚げてくるときも、そうだったようですね。

猪瀬　満州から命からがら逃げてきた日本人にとって、自分が属していた国家というものが外地では一瞬、地上から消えた。ところが、多くの日本人は、国家が裏切ったから逃げてこざるをえなかったと思っている。実際そうだけど、国家が崩壊して存在しなくなり、その庇護《ひご》がなくなったらどうなるか、という肝心な点が戦後の思想では欠落してしまっている。

三浦　そうですね。

猪瀬　昭和二十年代は、国家の庇護がほとんどない時代だった。敗戦後、東京は一面の焼け野原で、上野《うえの》駅周辺では親を亡くした浮浪児たちが物乞《ものご》いをしていた。作家の野坂昭如《のさかあきゆき》が描いた『火垂《ほた》るの墓』の世界。国家が崩壊すると、ああいうことになる。

GHQの占領下にあったのだけれど、そこに颯爽《さっそう》と現れたアメリカ兵がカッコよかった。洒落《しゃれ》た帽子を被ってジープに乗って、ヒューッと風を切って行く。子どもたちがねだるとチョコレートをくれた。僕はチョコレートを播《ま》く場面に遭遇したことはなかったけれど、幼稚園のころにジープに乗った笑顔の米兵を見たのを憶《おぼ》えている。

三浦　有名な「ギブ・ミー・チョコレート」ですね。

猪瀬　国家が崩壊したのは軍部独裁だったから、と戦後はそう総括した。しかし、それは思っているよりも短い期間だった。

戦前はむしろ弱肉強食の市場社会だった。たとえば、五島慶太《ごとうけいた》が私鉄の東京急行電鉄をつくるわけだけど、小田急電鉄や京浜電気鉄道などライバル企業をM&Aで乗っ取ってしまった。これは、戦前はいまより厳しい競争社会だったという一例でもある。西武鉄道グループの総帥だった堤康次郎《つつみやすじろう》も東急に乗っ取られやしないかと株式を公開しなかったぐらい怯《おび》えていた。結局、敗戦を迎えて、東急はGHQの指令でいまの東急線を残して、小田急や京急、京王帝都は分離独立できた。

大衆文化を見ても、昭和初期は3Sと言ってスクリーン、スポーツ、スピードの時代、ハリウッドの映画やジャズが流行《はや》る自由な社会だった。

昭和十五年まではそういう社会が続いて、昭和十六年から太平洋戦争が始まるけれども、最近、大ヒットした「この世界の片隅に」というアニメ映画を見ればわかるように、昭和十九年に本土への空襲が始まるまでは内地の日常は牧歌的だった。突然、戦死者の訃報《ふほう》が入る以外はね。だから、昭和十六年から二十年までをスポッとダルマ落としにすると、昭和からずっと欲望資本主義とアメリカ憧《あこが》れの歴史が続いていることがわかる。

戦後空間だけが民主主義だと思っていると、国家にたどりつけない。

三浦　うんうん。

猪瀬　江戸時代末期、黒船来航により不平等条約を結ばされたので、明治の日本には関税の自主権がなかった。TPPどころではない、国家の体をなしていなかった。だから、必死になって国づくりを進めてきた。

国民国家は究極のモデル

猪瀬　国民国家の成立は、歴史的現実であり、ヨーロッパの近代社会のなかで生まれた。国民国家は、十七世紀から十九世紀にかけて誕生した比較的新しい仕組みである。現在も僕らは国民国家の一員として存在している。グローバル企業に勤めていようと、どこに住んでいようと、パスポートには国籍が明記されている。

日本の国民国家は明治維新によって誕生している。国民国家では、納税の義務があり、国防軍（自衛軍）により国境が警護されている。納税者が分配を適正に行うために国民の代表による議会が設置されている。この最低条件を満たしていなければ国民国家とは呼べない。したがって議会がないに等しい中国や専制君主のいる北朝鮮は、国家ではあっても国民国家ではない。

国民国家はヨーロッパ近代の所産ですが、これは歴史上に初めて生まれた究極の精緻な国家モデルであって、これ以上の公的空間のモデルはないと僕は思う。誤解を招かないために述べておくと、法律を犯さないかぎり表現の自由は保障されており、画一的に生きることを強制されているわけでもない。同調圧力があるとしたら、それを好む性《さが》があるだけ。

僕や三浦さんのように、同調圧力を感じなければよいだけのこと。

国民国家モデルを実現しているのは、いまのところ欧米型の先進国などに限られる。その後、グローバル化が進んでヨーロッパにはEUが誕生して、国民国家としての基本形に大きな変化が生じた。その先に起こったのがBREXITだった。

三浦 国家とは何かと聞かれたら、猪瀬さんはどう答えますか。

猪瀬 国家というのは、ひとことで言うと会員制クラブのようなもの。たとえば、ロータリークラブには会合の日には出張してはいけないといった掟《おきて》がある。僕は六本木ヒルズクラブの会員だけど、あそこで食事を取れば、僕をパパラッチする天敵の週刊新潮も入ってこられない（笑）。そのために会費を払っているし、秘密が守られる。

この西麻布界隈《かいわい》でも、年の瀬になると夜九時ごろ、火の用心の見回りがまわってくる。商店街や町会の役員らが十人ぐらいで「火の用心。マッチ一本火事のもと」と言って拍子木を叩《たた》き、町内を回る。うちの事務所も若いスタッフがいると、「手伝いに行け」と派遣していた時期があったけれど、そういう義務がある。

国家も同じで、柱となる掟は納税と徴兵。この二つがメインになっている。そして、納税の対価として義務教育費がただになったり、医療費が安くなったり、年を取ったら年金をもらえたりする。それが、国民国家の原型なのだけれど。

三浦　天皇制について言うならば、日本の風土を代表する天皇が国家の感情の部分を担当するということですね。それから、霞が関や永田町《ながたちよう》のエリートたちが国家の骨格を担当し、建てかけの国家の工事をするという役割分担だったわけです。

ところが、政治家や官僚のエリートが、国家観に関心がなくなるとどうなるんでしょうね。

猪瀬　そういう心配がある。

三浦　高度経済成長を遂げるとともに個人主義が広がった結果、本来資本主義の受益者だった高齢者や高年の中産階級の人たちが、資本主義バッシングを始めた。とくに知識人は、悪いものの根源を豊かさや資本主義に求めようとしたわけです。成長を攻撃するというのは将来世代の糧を奪うことなのですが。

猪瀬　資本主義を批判するいっぽうで、自分の食べているご馳走《ちそう》をツイッターにあげているような人もいるけれど。

三浦　社会学者の上野《うえの》千鶴子《ちづこ》さんの移民はもういらないという新聞インタビューも話題になりましたね。それはご自身が豊かで安定しているから「もう、いいや。いまのままで」

という思考になっているのではないかと思うのです。だから、根っこには「移民はいらない」「移民を入れたらヨーロッパのように排外主義になるから、むしろ私の理想とは真逆だ」と、現状維持志向が強くなっているように見受けられます。

私が猪瀬さんを好きなのは、相変わらず進歩することを信じているからです。

猪瀬 僕が未来を信じようとしている思いは、日本の近代について考え続けた、その責任感から生まれた。

国民国家をまとめるアイデンティティがなくなった

三浦 国民国家のリアリティというとき、日本には風土以外に国民国家をまとめるものがなかったんじゃないかと思うのです。都会のカルチャーだけでなく、地方のカルチャーも全く変わってしまったので、日本の風土も完全には国家をまとめるものにならない。都会人の考える風土は、もはや昔ながらの日本らしい風土ではありません。盆暮れの行事でさえ、行われなくなりつつありますから。

猪瀬 でもお正月には明治神宮に百万人がお参りしているし、夏のお盆には墓参りの帰省で高速道路が渋滞している。そういうカルチャーはある。たしかにマンション住まいだと仏壇を置く場所がないが。

三浦　そうなのです。我が家は信州《しんしゅう》に一軒家を建てたのですが、初めて行事というものができるようになりました。正月飾りやらを置く場所が今までなかったので。一軒家には暖炉があるし、お盆の飾りもできますが、東京のマンションではどちらも無理です。ここら辺では、川にお供え物を流すこともできないでしょう。

猪瀬　一九五〇年代、僕が小学生のころは、旗日といって祝日にはどこの家も国旗を揚げていたけれど、最近はほとんど見られなくなった。僕が住んでいる都心の周辺では、国旗を掲揚する家は一軒だけだよ。三浦さんは実家で国旗を揚げた記憶がありますか。

三浦　ありませんね。

猪瀬　僕の母は「戦争なんて二度とゴメンだ」と口癖のように言っていたが、それでも旗日には国旗を出していた。支柱の先にある金色の玉を磨くのは、僕の仕事だった。祝日に国旗を掲げるのはどこの国でも当たり前のことだから、国旗を揚げない最近の風潮は世界を見ても奇異なことだといえる。もっとも僕も出してないから、あまり大きなことは言えない（笑）。僕の場合は地方から上京して、住まいを転々として来たから、止《や》むを得ないところもあったんだが。

三浦　学校で国旗を揚げていることはありますね。

猪瀬　そう。家で揚げなくなって、ある時期から学校で国旗を揚げるようになった。僕らが子どものころは、日本教職員組合の力が強くて学校では国旗を揚げなかったから。

三浦　家で国旗を揚げなくなったのはいつからですか。

猪瀬　一九七〇年以後かもしれない。戦争世代が亡くなって、習慣が廃れていったということかな。

三浦　私は一九八〇年に神奈川県茅ヶ崎市で生まれましたが、そのころに近隣で国旗を揚げていたとは思えません。

猪瀬　僕も七〇年代に二人の子どもが生まれたが、作家として生きていけるのか先が見えずに必死に仕事をしていたころだから、とても国旗を揚げるようなことに気を配る余裕はなかった。やっと団地に入れたとか、そういう時代だよ。

三浦　でも、高度経済成長真っ盛りでしょう。

猪瀬　国旗を揚げたのは一九六四年の東京オリンピックのころがピークかもしれない。それはたぶん戦前からの習慣で、戦争世代が生きていたから揚げていたんだろう。七〇年代になって、僕ら団塊の世代が社会に出て行ったわけだけど、僕らは国旗など持っていなかったから。

三浦　団塊の世代が出てきて、国旗が無くなったということですか。

猪瀬　東京に出てきてとりあえず住むところを探して団地生活を送るようになった者はそうだろうね。

団塊世代の個人主義

三浦　都会に出て団地やアパートに住むという団塊世代の行動は、個人主義じゃないですか。盆暮れにも田舎に帰らず、国旗も掲揚しない。そういう世代が今になって意外に保守化しているのです。

私が実施した世論調査で、興味深い結果が出ています。男性だったり自営業者だったりして、あまり海外の企業や消費者に関わらずに暮らしている人はより反韓《はんかん》・反中になる傾向がありました。六十～七十代の日本人にある種の保守化が起きているんですね。

猪瀬　僕が団塊世代の先頭でちょうど七十歳だから、僕らの世代ということだね。僕と元首相の鳩山友紀夫《はとやまゆきお》、菅直人《かんなおと》、それにビートたけしが同じ学年。

三浦　すごく象徴的ですね。猪瀬さんの世代は、田原総一朗さんたちの世代とは大分、違いますね。

猪瀬　田原さんや石原慎太郎さんは昭和一けたで、子ども時代に戦争を経験している世代だね。五木寛之《いつきひろゆき》さんや、タレントの大橋巨泉《おおはしきょせん》さん、永六輔《えいろくすけ》さん、脚本家の倉本聰《くらもとそう》さんもそうだよ。

三浦　田原・石原世代というのは、原体験が米軍の進駐で、ある種日本ないし自分が男でなくされた、去勢されたという意識から反米なんでしょうかね。

猪瀬　田原さんはジャーナリストだから好奇心が旺盛《おうせい》で、うまくバランスを取っているけれど、石原さんは反米だね。大橋巨泉さんも永六輔さんも映画監督の大島渚《おおしまなぎさ》さんもみんな中道左派だった。反米だったり反天皇だったり。戦後民主主義そのものと言ってもいい。

僕の学年を先頭にした全共闘世代は、戦後民主主義は欺瞞ではないかと問題提起して反乱を起こした。

三浦　反乱を起こしたのに戦後日本をつくり、再生産し続けている世代でもあります。

猪瀬　全共闘運動を総括できなかった人たちはみんな中道左派になっている。

僕みたいに道路公団の改革をやってみたり、石原さんと仲良くしてみたりする者はあまりいないんだよ。

三浦　あまり見ないですね。

猪瀬　田原さんも元々は左派だったのだけれど、持ち前の好奇心から政府や自民党の取材をするようになってから変わった。でも、何もしない人たちは左派の気分をずっと持ち続け、傍観者的評論家になってきたんだな。

三浦　それはわかります。「何もしない人たち」というのがしっくりきます。

猪瀬　そして、団塊ジュニアがまた中道左派になるというのがトレンドだよね。だから、メディア・アクティビストの津田大介《つだだいすけ》くんは討論の相手の立場を否定しないバランス感覚の持ち主だけれど左派でしょう。東浩紀くんは津田大介とは考え方が違うけれど、左派っぽいところがある。

三浦　えっ、東さんは左派ですか？　リベラルでしょう。

猪瀬　津田くんみたいな党派的なものじゃないからリベラルだけれど、感覚的に伝統と切れているところがある。

三浦　それは国家的なるものを否定しているからですよ。きっと。

猪瀬　三浦さんの師匠である東大教授の藤原帰一さんも左派でしょう？　とにかく左派ばかりなのだけど、僕は左派ではないし、右派でもない。僕のようなスタンスを取る人は少ないと思うよ。

三浦　うちの師匠はリアリストです。安保法制のときは、私と異なるスタンスでしたけれども。それはやっぱり憲法九条が踏み絵になっているから。憲法学者に違憲だと言われるときつい。

猪瀬　私はブログで「違憲でも問題ない」と意思表示しましたが、踏み絵を迫り合う文化というのは問題だと思っています。自由な議論を阻害しますからね。

三浦　三浦さんは八〇年生まれだから、そういうこだわりはないけれど、団塊ジュニアまでは護憲や平和に対するこだわりがあるから、なかなか踏み絵を踏むことができない。

文学は国家から離れてしまった

猪瀬　戦後のマスコミは、左派にどっぷりと浸《つ》かってきた。翻って、森鷗外は、左派になっているヒマがなかった。まだ国家は「普請中」の状態で、外側は城壁があったけれど内側はベニヤ板のような間に合わせになっていたから、森鷗外は内装を整えようとしていたんだね。僕は『天皇の影法師』で書いたが、森鷗外は晩年に元号の研究をやっていた。

三浦　医学ではなくて元号ですか。

猪瀬　そう。明治という元号も、大正という元号も慌ててつくったので、物足りないものになってしまった。たとえば、大正の正は「一にして止む」と読めるし、越《ベトナム》の国で使われたことがあるので、これではダメだと森鷗外は言っている。だから、きちんとした元号をつくらないといけないということで考証作業に没頭した。最後の数年に「元号考」「帝諡《ていし》考《こう》」を記して、大正十一年に亡くなったのだけれど、森鷗外の発想の根底には「国家は形式である」という考えがあったと思う。形式の一角が崩れると、たちまち秩序は崩壊する、と述べていた。

森鷗外は家長の立場から国家について考えた。つまり、官僚に任せ切りではなく、教養人である自分も国づくりに加わろうとした。

ところが、実際には文学者の多くは国づくりから脱落し、昭和に入って国家と拮抗《きっこう》する文学は存在しなかった。家長の役割は官僚に任せて、もっぱら蕩尽《とうじん》する放蕩息子たちが日本文学の担い手になってしまった。

三浦　放蕩息子って誰のことですか。

猪瀬　夏目漱石はそういうつもりでなかったが、しだいに日本独特の「私小説」の世界が作品の中心になっていきます。太宰治に代表される名だたる作家たちは、みんな国家と無縁の想像力のなかで生きた。井伏鱒二《いぶせますじ》が昭和初期のころについて「東京には釣り師が二十万人、文学青年が二万人いる」と書いていたけど、文学青年というのはいまで言うフリーターだから、二万人ものフリーターが滞留していた。

すでに触れたが、当時は帝国大学を卒業する人は一握りのエリートで、法学部を出れば官僚になれたけれど、文学部を出ても、たいがいは田舎の旧制中学の教師ぐらいしか就職先がなかった。新聞社の記者も数人しか採用がなかったから、旧制中学の教師になりたくない人は東京に残って文章を書いた。

その結果、国づくりは官僚たちの仕事となり、国家のリアリティと関係ないところで、日本の文学や論壇が成立するという二重構造になってしまった。

三浦　戦前は論壇が機能していなかったという見方ですけれども、猪瀬さんの目から見て戦前のそういう感覚と戦後はあまり変わっていないのですか。

猪瀬　たとえば、日露戦争のころは国家予算の半分が軍事費で占められていた。もちろんＧＤＰも小さかったけれど、その小さな国力で大国ロシアに対抗しなければいけない。軍事費をどれだけ捻出《ねんしゅつ》できるかという問題を抱えていた。だから、国民も必死だよ。納税だけでなく、徴兵の義務もあったから。

戦後の場合、そういう必死感は全くない。「ディズニーランド」の門番はアメリカだから。前に述べたように、憲法改正を主張している保守派も、ブラックボックスとなっている五兆円という防衛予算の中身についてほとんどわかってないのだから。

三浦　戦後も論壇が機能していないと。

猪瀬　僕の友人で京都大学名誉教授で教育学者の竹内洋《たけうちよう》さんが『革新幻想の戦後史』などずっと一九六〇年代の論壇を研究しているけど、あの通りだよ。岩波書店の雑誌「世界」のバックナンバーを見れば、進歩的文化人がみな同じ発言ばかりしている。五兆円の防衛予算というブラックボックスを不問にして憲法九条について論じているのだから、戦後の論壇も戦前と同じくらい異常だった。

第五章　女性的感性が拓く新しい時代

三浦瑠麗はなぜ農学部に進んだか

猪瀬　三浦さんの論壇体験は、二〇〇〇年代に入ってからでしょう。

三浦　私は元々は文学少女で、社会科学には全く興味がありませんでした。初めて社会事象に関心を持ったのはたぶん二〇〇一年、二十一歳ぐらいのときですよ。それまでは総理の名前も言えませんでした（笑）。

猪瀬　経歴を拝見すると、東大農学部出身と書いてある。農学部で何をやっていたの？

三浦　専攻は農業土木で、土地改良事業などを扱うのですが、私は四年まででしたから、水利工学など基礎的なところを勉強しただけですけどね。

猪瀬　土地改良事業を学ぶと、日本の農村が全部見えてくるから、すごくいいポジションだったと思うけど。

三浦　私の先輩のなかには、土地改良事業区でどうやって合意形成するかという文系的な研究をして賞をもらった人もいます。意外に文系の社会科学と接点のある分野なんです。

猪瀬　僕が道路公団民営化に取り組んだときも、農道の問題などがあって、土地改良区の予算の使われ方が異常だと思ったことがある。そういう現実をみんな知らない。いい経験をしてきたね。

この前、僕がネットのニュース番組で「学部は理系出身者のほうがいい」と発言したら、「そういう単純な分け方はおかしい」とか反発する人間が出てきてうんざりした。理系のほうがいいと言ったのはレトリックで、ほんとうは文系というかリベラルアーツを身につけてほしい。中身のない人間が文系に行っても勉強しないで終わる。その点、理系の学生は勉強して作法を身に付けているから相対的に優秀な人間が多くなる。文系は勉強もせず、作法も学ばずに生まれたままで社会に出て行くから、始末に負えない。

三浦　私が『シビリアンの戦争』を刊行したときに、農学部時代の佐《さ》藤《とう》洋平《ようへい》先生という指導教官が「この本には、うちの研究室の貢献がある」と言ってくれました。つまり、エビデンス・ベイスト（実験データや症例に基づいた）で理系チックに書かれていると誉めて下さったのです。

猪瀬　その通りだよ。

三浦　私は風情のない女だと言われますが（笑）、それは風情は最後でいいと思っているからです。ロジックの後にレトリックがあるべきだと思っているので、戦争を研究したときも、人々の感情は使うけれども、レトリックや修飾は抑制的にしているのです。

猪瀬　それでいいと思う。レトリックばかりで実体のない論客も目立つ。日本人にはファクトとロジックで表記する言語技術の訓練ができていない人が多い。

三浦さんは話し方も文章もとてもクリアだ。先日、週刊新潮に三浦さんが連載しているエッセイ「ツメ研ぎ通信」（「もうきっと泣かないと思ったあの時のこと」２０１７年5月18日）を読み、辛《つら》い体験をくぐり抜けたことを知った。文章がしっかりした観察眼につらぬかれていて胸を打たれた。

三浦　お読みになってくださりありがとうございます。

破水してしまったので通っていた山王《さんのう》病院に行ったら「うちではできません」と言われて、救急搬送で日赤に入院して。しばらくＭＦＩＣＵ（母体胎児集中治療室）、つまりお母さんのためのＩＣＵに入ったのです。でもお腹が張り始めて、途中で心音が確認できなくなって。

二十二週まで育っていれば、日本のＮＩＣＵ（新生児集中治療室）を完備している大病院の医療レベルだと赤ちゃんは育つのですが、お腹のなかで死んでしまったのです。

猪瀬　ＭＦＩＣＵは、僕が東京都の副知事時代に増やしたものだった。脳溢血《のういっけつ》になった妊婦さんが病院への救急搬送で受け入れを拒否されて亡くなった痛ましい出来事が起きてしまったから。脳外科と産科が協力しないといけないのでプロジェクトチームをつくって対策に取り組み、ＭＦＩＣＵ不足がある程度解消できてはいる。ただ、ＭＦＩＣＵも万能というわけではない。

三浦　原稿を書いて、最初に夫に読ませたのです。一人でシングルモルトを飲みながら夜中に書いて、パソコンで転送しておいたのですが、朝起きたら夫がそれを読んで泣いていました。

私たち夫婦の間で、痛みや苦しみ、喜びなどの感性を表現するのは私の役割なのです。もし私が表現しなかったら夫は感性を表現することなしにドライに生きていくのだろうかと考えると、すごく不思議だなあと思ったのですよ。

猪瀬　僕はいまの政治や思想に欠けているのは、そうした女性の感性なのではないかと思う。

じつは明治時代の近代文学は、夏目漱石の『三四郎』もそうだが、いわゆる翔《と》んでる女に振り回される物語が意外に多い。たとえば、小杉天外《こすぎてんがい》の『魔風恋風《まかぜこいかぜ》』（明治36年）の書き出しの部分で女学生が自転車に乗って颯爽《さっそう》と走って行く場面が描かれている。

鈴《ベル》の音高く、見《あら》はれたのはすらりとした肩の滑り、デードン色の自転車に海老茶の袴、髪は結流《ゆいなが》しにして、白リボン清く、着物は矢絣《やがすり》の風通《ふうつう》、袖長ければ風に靡《なび》いて、色美しく品高き十八九の令嬢である。

デードン色というのは赤と茶が混じったような色。一九二〇年代のフォード車のようなテカテカした反射している感じといえばいいのだろうか。

こうした女性の登場に驚いて、日本の近代文学が始まっている。女性的な感性はシステムや時代というものにとらわれずに、常にアンテナを立てて新しい時代をキャッチしているようなところがある。アンテナというのは、新しい情報を受信できる装置だからね。ここまで話してきて、三浦さんにも新しい風を感じる。

三浦　武田泰淳《たけだたいじゅん》の小説では、勝ち気な令嬢が馬を乗り回すシーンがありましたけど、明治は自転車ですか。

猪瀬　明治の初めにヨーロッパの流行とか、新しいテクノロジーが入って来ると、女性たちはすぐに受け入れて自転車に乗ってしまう。それで、夏目漱石から昭和の太宰治まで、作家はみんな、翔んでる女に振り回されていることになる。『作家の誕生』に書いたが、田山花袋《たやまかたい》は、翔んでる女に振り回されて失敗した話を『蒲団』という小説に書いて時代の寵児《ちょうじ》になった。作家たちが何に振り回されていたかというと、「新しい時代」を身にまとった女に振り回されていた。

三浦　なるほど。それはおもしろいです。考えてもみなかった。

猪瀬　たとえば、夏目漱石の『三四郎』に里見美禰子《さとみみねこ》というヒロインが出てくる。この女性に、田舎から出て来た主人公の小川三四郎《おがわさんしろう》は「迷子の英訳を知っていらしって」と謎をかけられ、困惑させられる。

「教えてあげましょうか」

「ええ」

「迷える子《ストレイシープ》――解《わか》って？」

（三四郎は、咄嗟《とっさ》に返答できなかった）

迷える子《ストレイシープ》という言葉は解った様でもある。又解らない様でもある。解る解らないはこの言葉の意味よりも、寧ろこの言葉を使った女の意味である。三四郎はいたずらに女の顔を眺めて黙っていた。

夏目漱石の弟子で妻子もあった森田《もりた》草平《そうへい》が、平塚明《ひらつかはる》という女性に振り回され、栃木県の塩原《しおばら》温泉で心中未遂事件を起こした。この作品は、それがきっかけで書かれている。

心中未遂は、いまだったらワイドショーのネタになるような事件で、当時も騒然とした。夏目漱石は世間の風当たりから不肖の弟子・森田草平をかばって自宅で匿《かくま》う。「いったい何があったんだ」と本人から根掘り葉掘り聞き出して、平塚明という女は「無意識の偽善者（アンコンシャス・ヒポクリット）」として「自ら識ざる間に別の人になって行動する女」と言った。漱石がこの事件からヒントを得て朝日新聞に連載したのが『三四郎』だった。連載を終えると、森田草平自身にも事件の顚末《てんまつ》を実録小説『煤煙《ばいえん》』として書かせて朝日新聞に連載させた。

平塚明は心中未遂事件騒動の後、信州で静養した。ある日雪山へ上った。快晴の青い空、白い峰々、太陽が眼の前、手に取るほどの近さに感じられ、そこで幻覚に陥った。自分が雷鳥になり純白な羽毛の翼を広げ、太陽の周りをはばたいている。

平塚明はまだ無名だったが、後に女性の文芸誌「青鞜《せいとう》」を創刊する平塚らいてうには、そういう前歴があった。美禰子も、そのもとになった平塚らいてうも時代の先端の洋風文化の流行を取れ入れた「翔んでる」女性だった。

三浦　なぜ女は旧弊から飛躍できるのですか。

猪瀬　非連続にモノを考えるからではないか。男性は昨日・今日・明日という連続性でモノを考える傾向があるが、女性はそこを超越して考える傾向があるように思う。

三浦　その感覚はわかります。最近、政治学者の大嶽秀夫《おおたけひでお》さんが出した『フェミニストたちの政治史』の書評を読売新聞に書きました。その本には世界史に登場する、「翔んでる」女性について書かれているのです。大嶽さんは自民党をはじめ、ずっと政治学の研究をしている方で、『戦後日本防衛問題資料集』の編纂《へんさん》もしています。その大嶽さんが、いきなりフェミニズムの本を書くとは思わなかったのですが（笑）。

猪瀬　フェミニズム列伝みたいな感じなんだろうか。

三浦　登場する女性たちはみなフェミニストなのだけれども、一筋縄ではいかないタイプの人が多いのです。自由奔放で、でも苦しんでいる。その限界なんかも見えて、すごくおもしろかったです。

猪瀬　日本の女性では誰が取り上げられている？

三浦　やっぱり平塚らいてうなどからですが、ウーマンリブの田中美津の扱いが大きかったですね。日本赤軍の女性戦士もいました。

男と女の不幸なすれ違い仮説

三浦　友人の女性に、ボーイフレンドの男性と会話が嚙《か》み合っていないと言われて、「どこでどう誤解が生じたのかしら」と聞かれたことがあります。

使っている言語というか論理体系が違うから、男性はしだいに訳がわからなくなって理解できずに不信感を持つ。たんにわかりにくくて耐えられないだけでなくて、彼女の論理構造に引きずられたら、と男性は恐がっている。

つまり、文化的な問題として、すごく不幸な、すれ違いが起きている。

猪瀬　女性のアンテナは、流行や新しいものに対して非常に感度がいいのだけれど、それはいったい何なのかだね。

三浦　ある種の功利主義者だからではないでしょうか。利益という意味ではなく、まず、いいと思う感覚がそのまま体内に取り込まれる。変化への対応のすばやさは子どもを孕《はら》むことと同じロジックのようにも思います。子どもを授かる、そのための行為自体は母性ではないですよね。ただ子どもがお腹に入ると、以前からあったもののように存在し、そこから母性が再発見される。流行を取り込むときも同じで、今年の流行はピンクだと直観したら、最初からピンクを着ていたようにピンクを着る（笑）。

猪瀬　なるほど。

三浦　その流行がいきなり遷移する。男性から「なぜ変わったの？」と聞かれても「そうなっているの」としか答えようがない（笑）。だから、当然ですが、女性は男性より、いきなりの変化に強い。そういう気構えがなければ子どもなんて産めないから。

猪瀬　その都度、受け入れるものを受け入れる。だから時に非論理的と受け取られると。

三浦　受け入れたら、ずっと昔からあったもののように、それが昔から好きだったかのように振る舞う。だから、母性が現れるのも突然なのです。

猪瀬　その結果非連続に見える。

三浦　それがないと、たぶん人間社会は存続しないのではないでしょうか。妊娠や出産を受け入れることもそうだし、大きな枠組みであれば異民族の支配を含めた新たな支配を受け入れることもそうです。

猪瀬　所与として受け入れられる。

三浦　こうした議論を進めると、女は知識人になれないみたいな解釈もされてしまいそうですが、そうは思いません。ただ、多くの場合男女には違いがあるのです。

猪瀬　でも、受け入れるというのは、新しいものを吸収できることだから、時代の変化に対応できる、ということになる。文明開化みたいなものがバーンと弾《はじ》けたときに、対応できる。男は歴史を順番に追っていく文化だから、新しいものを否定したり、そこで葛藤《かっとう》が生まれたりする。

三浦　発明に向いているという見方もあるかもしれない。少なくとも私は、研究をするときも積み上げ式ではありません。

女性のエネルギーがマイナスになるとき

猪瀬　幕末から明治にかけてヨーロッパから洪水のように新しい情報が入って来たとき、さまざまな戸惑いが生じた。そういう葛藤を咀嚼《そしやく》する過程がひとつの思想だから、そこで咀嚼の仕方が男と女で当然、違ったということだろう。『三四郎』の美禰子は、制度に縛られている男たちの葛藤を優柔不断と思ったのかもしれない。

三浦　男の人は無理矢理でも理屈をつけるじゃないですか。変化が生じたときに、新しい思想といままでの思想をうまく接続しようとして、たとえば内閣法制局的な屁理屈《へりくつ》をつける（笑）。いっぽう女性的な感性は欲望するかしないかで判断しているので、過去の経緯などどうでもいい。何をするかが大事なので、連続性に興味がない。

ただ、欲しいものがわからないときにはイライラする。いまの日本で女性としての特徴と思われているものの多くは、実は女性性ではなく社会的に自由を抑圧されているところからきている後天的な要素です。どういう生き方をしたいかわからないと、錯乱した行動を取ったりするのもそう。主婦たちが「発言小町《はつげんこまち》」で悪口をぶつけているのも、適切な欲望がわからないからで、マイナスのエネルギーになってしまう。

猪瀬　発言小町？

三浦　ネット上の質問サイトで、一般の人たちが質問をアップすると、その質問に答えてくれる。悪口を言う井戸端会議のオンライン版で、ある種の不満のはけ口になっているのです。

猪瀬　要するに、女性のエネルギーの行き場がないということ？

三浦　昔はムラ社会で女性は抑圧されていたから、平塚らいてうさんみたいな女性が出て来て危ない行動に出るのだけれども、おそらく自転車に乗って颯爽と行く女性はごく一握りなのです。その他大勢は、朝早く起きて冷たい水で野菜を洗っていたはずです。しかも井戸端会議をして、近隣社会の監視役になっていたわけじゃないですか。

猪瀬　でも、高度成長時代は主婦モデルだったのが、一九八五年に男女雇用機会均等法が成立してから、女性もふつうに就職するようになった。

三浦　働いてはいるのですが、職場の仕事と家庭の育児家事を掛け持ちしているので、欲望のままに行動しているのでは全くないし、職場ではかなり縛られています。

　子どもを保育園に預けて都心で働いているＯＬの場合、大家族も知らず、母親の助けも得られないので、何時から何時までは仕事、何時から何時までは育児家事というシフトで毎日を回しています。だから、主婦の抑圧と変わらない部分もある。

猪瀬　男性も縛られているけどね。

三浦　そうですけど、女性の方が社会的規範が強くて、抑圧の度合いが高いのです。ディナーの席でよく聞かれるのが、「子育て、大丈夫？」と言うこと。男にも毎回同じことを聞くのかと。

猪瀬　その日は旦那さんが面倒を見ていると。

三浦　はい、うちはかなりの割合で夫が見ています。でも、男性同士のディナーで「子育て、大丈夫？」とは聞かないでしょう。

猪瀬　そうだね。

三浦　表向き、男女平等とか家庭は人それぞれと言いながら、本音はそうでないということでしょう。言葉でどう言おうと、母であって活躍する女性でもあることを肯定しないニュアンスが見て取れます。

でも、カトリーヌ・ドヌーブは人気女優として活躍を続けながら、自由奔放に恋をして父親の違う子どもを産み育てている。日本にはそういうモデルが少ないのです。

猪瀬　たしかになあ。

三浦　平塚らいてうの話に戻りますが、「青鞜」に加わった女性に岡本《おかもと》かの子《こ》がいる。岡本一平《いっぺい》と結婚して、生まれた長男が画家の岡本太郎《たろう》ですね。

私の母方の曾祖父《そうそふ》は、じつは岡本かの子と駆け落ちしているのです。瀬戸内寂聴《せとうちじゃくちょう》の『かの子撩乱《りょうらん》』に、その駆け落ちのシーンが出てきます。

かの子は明治四十一年から四十二年頃、伏屋に親しみ、結婚の約束をした。当時、伏屋は、かの子好みの美男子で文学青年でもあった。ただし、伏屋家の厳父が、資産家ではあっても、地元の地主にすぎないかの子の実家と、宮内省に出入りする自家の格式の相違をたてにとってこの結婚を許さなかった。そのため、かの子と伏屋は千葉に嫁していた伏屋の姉を頼って、駈落まで決行した。

まだ、岡本一平と結婚する前の話です。曾祖父は伏屋武龍《ふしやぶりゅう》と言うのですが、宮内省の役人の一家でしたから、岡本かの子のような商家の娘との結婚は絶対ダメだということで、仲を引き裂かれたのです。

その後、かの子は岡本一平と結婚して太郎を生んだのですが、祖母は「母は、かの子は太郎を抱いて、いつもうち（伏屋家）に来ていたとよく話していた」と言っていました。本当かどうか、わかりませんけどね。ただ曾祖父が亡くなる間際に、週刊新潮の記者を家に呼んで「岡本太郎はワシの子だ」と告白したこともありました。

（編注）『かの子撩乱』では「伏屋老人の妊娠三カ月説をとれば、太郎の誕生日から換算して最後にふたりが別れたのは明治四十三年七月頃ということになるが、この頃は、一平とかの子の恋愛が白熱期に入っているので、時期的に辻褄が合わない」としている。

エビデンスがないからＤＮＡ検査でもしないとわからないのだけれども。岡本太郎は「そんなヤツ知らん」と全否定しました。当たり前ですけどね。要は、それが真実味を持つくらい、かの子は奔放だったということ。

それはともかく岡本かの子のイメージからすると、たしかに日本の女性が戦前から、とても豊かな表現力を持っていたというのはわかります。岡本かの子の作品は、饒舌《じょうぜつ》でキラキラ系の描写が多いからリアリズムではないと批評されるのですが、私はかの子の作品に超リアリズムを感じるのです。自分が観察したことを事細かに書き込んでいるから、やっぱりリアリズムなのです。

猪瀬　発見して、感じているからね。

三浦　そう。だから、女はリアリズムだと思って、私は生きているのです（笑）。

猪瀬　あの画《え》（猪瀬事務所の壁にかかっている画）は、いまお付き合いしている女性の画なんだ。

三浦　週刊誌に載っていました。画家で女優の蜷川有紀《にながわゆき》さんですね。

猪瀬　薔薇《ばら》をいくつもいくつも、螺旋状《らせんじょう》に描いて行くのだけど、「なぜクルクルクルクルと描くの」と訊《き》いたら「なんか自分が渦のなかに吸い込まれる感じがする」と言うんだね。

クルクルとした螺旋状の薔薇の絵を見て、歴史家の磯田《いそだ》道史《みちふみ》さんが、そうだ、九州の古墳にある、と言った。それでこう記している。

「蜷川有紀の作品をはじめてみた時の衝撃は忘れられない。それは太古の絵に近かった。まるで古代のシャーマン、神がかった巫女《みこ》が一心不乱に体中から湧きあがる描く悦《よろこ》びを、壁面にぶつけて、そのリズムが、いつしか形象をなしている。（略）子どもの頃、そんな絵を一度だけ、暗闇のなかでみたことがある。それは一千五百年以上前の壁画であった」

九州のあまり知られていない古墳で、顔料に真紅の紅辰砂《べにしんしゃ》を使って螺旋を描いた絵があるそうだ。つまり時代を超越して発想がある。古代と時代の最先端がいっしょになっている。官能という言葉は女性のものだと思う。

三浦　うん。わかりますよ。

猪瀬　だから、日本の近代文学は、男がモダニズムを取り入れて時代の先頭を走っているつもりでいるけれども、官能に振り回されてしまう。

三浦　猪瀬仮説ですね。私は結婚した後に初めて社会科学を始めたのですが、夫に「君の言うことはわからない」とよく言われました。それで、夫に説明することを通じて男性的言語を学んだわけです。それは、私からすると夫に合わせてあげているのですが、夫からは「君もようやくロジカルになったね」などという高飛車なリアクションが来るのです。

つまり、夫には私の言語が理解できないけれども、私は夫の言語を理解できる。それは女性は二つの回路を持っているけれども、男性は一つの回路しか持っていないということじゃないですか。だから、男性はかわいそうだなと思って、いろいろ言われても気にしないようにしてきましたけれども（笑）。

猪瀬　まあ、そういうことなんだよ。女性と話すときにロジックだけでやってはダメで、丸ごとわかるところは丸ごとわかってあげることが大事なんだ。

三浦　わかりますよ、その違い。身ごもる感覚とか、出産の感覚というのは、男性には永遠にわからないだろうから。

猪瀬　二つのことがつながっていなくても、つながっているものとして理解すればいいのに、「つながっていないだろう」とやり合うと、だいたい離婚に至る。つまり、行き違うのは当たり前だから、行き違ったときに男の言語で処理しようとするとおかしくなる。

三浦　猪瀬仮説に立つと、いまの時代には作家を引きずり回すような女性が少ないということですか。

猪瀬　いや、ワイドショーを見れば、翔んでるというのでなく、ぶっ飛んでる人は多い印象は受ける。活躍はしているのだけれど、位置づけがされていない。

三浦　ピョンピョンしている？

猪瀬　安倍総理の妻の昭恵さんなんか、そういう感じがする。

三浦　でも、昭恵さんの存在は安倍総理にとって人間として重要なものでは？

猪瀬　どういうこと？

三浦　つまり、安倍総理は昭恵さんというピョンピョンガールに適応し、彼女を理解できないと思いながらも徹頭徹尾守るという男性的な行為に出ているわけです。それが新しい時代を切り拓《ひら》くかどうかは全くわからないですが、女性に振り回された戦前の作家という猪瀬さんの説と同根ではあるように思います。

小池百合子という政治家

三浦　小池さんの政治塾にお邪魔して講演をしたとき、小池さんとサシで話す機会があったのです。私は女性政治家のなかでは小池さんが一番好きなのですが、小池さんという人を短い時間で理解できたとも思えなかったし、心が通じるとか議論をできる雰囲気ではありませんでしたね。公の印象とは違いました。どこがどうとはなかなか言えないですが。

猪瀬　僕は弘兼憲史《ひろかねけんし》さんの絵で『ラストニュース』という劇画の原作をやったことがあったのだけれど、一九九〇年代の初め、連載を始める前に弘兼さんが誰か女性のニュースキャスターに会いたいというから、テレビ東京・WBSのキャスターをやっていた小池さんと三人で会食したことがあった。弘兼さんは小池さんをそのまま絵のモデルにしたわけではないけど、小池さんに会って女性キャスターのイメージをつかみたかった。

三浦　テレビの視聴者に向けてまっすぐ見て話すのは、ニュースキャスターの技だと思います。そこにはマスに向けたメッセージ性の強さはありますが、他方で一対一の人間関係とは全く異なるものです。女性の政治リーダーとしてのスタイルはつくづく難しいと思います。身近なところに献身的になるというのが日本のこれまでの女性のイメージですからね。

猪瀬　子どもや夫という自分のテリトリーを越えなければならない。

三浦　ええ。政治を取り仕切るぐらいの能力を持った女性が、女性としてのスタイルをはみ出て、かつ自己実現を超えた利他性を持てるとよいのですが。一口で言うと愛ですね。

猪瀬　その場合、愛とはどういうことだろう。

三浦　ああ、何だろうなあ……。愛は、関心ですね。人に対する関心。男性は寂しがり屋の人が多いので、エリートでもつるむし、ボーイズクラブのような馴《な》れ合い的な友情があるのです。

いっぽう政治の大舞台に出てくるような女性はつるむ人が少ないうえに、カリスマ性を求められたりして、さらに孤独になって行くじゃないですか。そういう女性がもしも他人に関心を持たないとしたら、それは困ったことになります。他人に対する関心が欠如しているのは人の痛みがわからないということにつながるので。

猪瀬　他人に対する関心があるかないかをどうやって見分けるのか。

三浦　人ってそういうことがわかるものじゃありませんかね。誰だって他人が自分に関心を持っているかどうかには敏感なものですから。外側が魅力的かどうかによらず。

猪瀬　外側が魅力的というのはどういうこと？

三浦　それがカリスマということですね。カリスマと愛はまた違うものなので。私は女性政治家には強みがあるのではと思っています。

よく女性の関心は半径5メートル以内にあると言われますが、それはすべてが正しくはない。要はリアリズムと地を這《は》う視点があると言うことです。

よく夫に笑われるのですが、私の庭づくりには思想や設計がないと。どこから始めるとか考えず、衝動的に、経路依存的に庭づくりをして行くのが変だね、と。

猪瀬　経路依存的とは？

三浦　「ここを掘りたい」とか「このライラックを植えたい」とか思うのです。準備が整っていないのに、ライラックを植える場所にだけ肥料を施して、とにかく植える。

猪瀬　全体のレイアウトはどうなっているのかというのは後回しにする。

三浦　そう。でも、だんだん頭のなかにレイアウトができてくるのですが、衝動任せではダメだから、私の感性と夫の計画性で、うちの庭がだんだんできてきています。

猪瀬　ただ、ライラックを一株植えないと始まらないということはあるよね。一株植えると、つぎをどうしようかなと進んでいく。

三浦　そうなのです。

猪瀬　男でもなかなかスタートしない人がいる。話ばかりしていないで、試しに植えてみるということは間違いなく大事で、そうしないと進まないということはある。

三浦　最初からでき上がったプランターをそのまま置くのでは、だいぶ違ったものになります。

猪瀬　やりながら都度都度に決断していくクリエイティビティがいまの時代はとても大事になってきているように思う。

専業主婦から共働きへ

三浦　女性は洗濯機や冷蔵庫など機械の導入で、家事労働が楽になりました。自由になる時間も少しずつ増えてきた。けれども、そのいっぽうで生活保守がずっと根強いのです。その生活保守が最近、増えたようにも思います。

猪瀬　その前に押さえておきたいのは、高度経済成長時代は専業主婦モデルだったこと。父親が働いて、母親が家事や育児をするというスタイルが一般的だった。ただし、高度成長の以前であっても、戦前も含めて女性はよく働いていた。家事に加えて賃労働に出たり、お店やお百姓の仕事を半分ずつやったり。高度経済成長時代に始まった専業主婦モデルが崩れ始めるのが、僕の世代が大学を卒業する七〇年代以降、共働きが増え始めた。むしろ専業主婦モデル自体がきわめて短期的なものであるともいえる。

そして、一九八六年に男女雇用機会均等法が施行されたころから、女性の就職が増え、専業主婦になる女性を主な対象にしていた短大が減っていった。多くの短大が四年生大学に昇格した。だから、保育園が足りなくなるのは必然でもある。

三浦　作家の城山三郎《しろやまさぶろう》に『素直な戦士たち』という作品があって。

猪瀬　いつ頃の本だろう。

三浦　一九七八年が初版で、おそらく子どもたちを受験戦争に送り出す教育ママの出現を初めて書いた小説だと思います。

猪瀬　神奈川県川崎市《かわさきし》で、二十歳の予備校生が両親を金属バットで殴り殺した金属バット殺人事件が一九八〇年だから、その前だね。

三浦　この作品を読んで思ったのは、その当時から核家族の行動様式があまり変わってないということでした。

猪瀬　首都圏だと六〇年代から団地が建ち始めて、僕も一九七四年に子どもが生まれるので狭いアパートを出て団地生活に入った。都市の郊外に団地がバーッとできて行くのと同時に、核家族の風景ができ上がっていく。

三浦　それが九〇年代も変わらないのですか。

猪瀬　基本的には変わっていないでしょう。結婚をしない、子どもを産まないという選択が起きるのは団塊ジュニアの世代からだから。

三浦　生活保守の話を出したのは、日本の右傾化と言われているものの重要な構成要素ではないかと思っているからです。結論から言うと、「生活が大事」「生活を守らなければ」という女性たちの意識が必ずしも左である必要がなくなったことが、全体の保守化を進めているということです。

猪瀬　地域政党の東京・生活者ネットワーク（以下、生活者ネット）の議員がそういう主婦たちだね。杉並区《すぎなみく》や国立市《くにたちし》の主婦の代表として都議会に出ている。

三浦　私が子どものころ、母親は玉つくりの会というところに入って産直の農産物を決まった場所まで取りに行っていました。その後、生活クラブ生活協同組合（以下、生活クラブ）の会員になってからは、うちが配達場所になっていました。

猪瀬　生活クラブには、割と裕福な主婦たちがオーガニックな食材を求めて加わっていたけど、彼女たちも心情左派が多い。そして、同じ層の主婦たちのなかから生活者ネットが立ち上がって、市議会議員や都議会議員になったりしている。

三浦　母親も神奈川ネットワーク運動の候補者に時々票を入れていたんじゃないですかね。

猪瀬　お母さんも心情左派だったんだよ。

三浦　七〇年代の公害問題や、遺伝子組み換え問題に関心を持っていたことを覚えています。遺伝子組み換え大豆を使わないとか。そういう主婦たちがそれなりに年を取ると、今度は騒音に抗議したり、自分たちが日頃使っている公園を幼児たちに開放するのに反対したりしているんじゃないかと。

猪瀬　この間、近くの公園に行ったら、砂場が柵《さく》で囲まれていた。犬や猫が砂場でオシッコやウンチをするのを防ぐためだろうけど。なんのための砂場かわからない。
三浦　いずれにしても、生活保守の主婦たちは日本の保守化を支える柱になっている。
猪瀬　排外主義的だよ。
三浦　猪瀬さんの言う「ディズニーランド」の主要なプレイヤーは生活保守の女性たちであり、その人たちはかつて受験戦争に子どもを送り出して、子どもをいい大学に入れ、競争社会の勝ち組として都市の郊外に一軒家を持って暮らしている人たちだと思うのです。
そう考えると、日本にリベラリズムが育つ要素などないのではないか。左派の男性が右に転向し、女性が生活保守になっているのだから、自由の大切さを考える契機など、なくなったのです。
猪瀬　アメリカみたいな黒人による闘争もなかったからね。アメリカはオバマ政権時代、ポリティカル・コレクトネス（差別や返還のない用語や表現を用いること）であらゆることが縛られていった。
三浦　私が兵役の研究をしていた二〇一四年ごろ、元軍人の黒人がキング牧師で有名な公民権運動がどうやって勝利したかという研究をまとめた本を読んだのです。

公民権運動は教会が主導していて、非暴力の運動だったというのが公式見解なのですが、この本によるとじつは投票所に行く黒人たちを守っていたのは黒人の退役兵だったというのです。白人の州兵が銃を持って待ち構えていたため、黒人の退役兵が守らないと黒人たちは投票ができなかった。白人と黒人の間で、ある種の内戦が行われていたのです。なぜそうしたことが表の美談として語られてこなかったかというと、非暴力不服従運動のほうが美しいし、教会を前面に出したほうがみんなにとって好都合だったからです。

黒人たちはこうやって公民権を獲得しましたが、その前段階として、第二次世界大戦、朝鮮戦争やベトナム戦争で、志願兵として戦場で戦いました。それに比べて、日本の女性はあまり女性独自の問題を戦わなかった。むしろ左派運動で活躍したがったのです。

猪瀬　七〇年代に中ピ連（中絶禁止法に反対しピル解禁を要求する女性解放連合）というウーマンリブの団体があったことを思い出した。薬事法で規制されたピル（経口避妊薬）の販売自由化を求める運動だったけど、ワイドショー的な騒ぎにされていた。

三浦　左派運動のなかでは、ゆがんだ形ではあったけれども、女性の果たした役割がありました。でも、結局その運動の中こそ、女性差別の温床だった。その後、自由を求めて戦う契機がなくなったのはたしかだと思います。

猪瀬　そういうことだね。

三浦　私はテレビを原則禁止された家庭に育ち、二〇〇三年に結婚して東京で暮らすようになって初めて、自分でテレビを見ることができました。

それで、結婚してからは夫が仕事で朝まで帰ってこないことが多くて、私はよくテレビを見ていました。夫はその頃、外務省の中国課にいたから、討論番組が大好きでしたね。それまで私は報道番組さえ見る習慣がなかったのですが。

猪瀬　そうか。左派や右派のイデオロギーに毒されていないから、自分の目で見て、頭で考えることができた。

三浦　うちの夫には「瑠麗ちゃんは憎しみが足りない」とよく言われます。政治イデオロギーの色がついていないという意味でしょうね。夫の父親は教育学者なのですが、大学が共産党に乗っとられて人生ではがゆい思いをしたという原体験がある。夫も、外交官だったり、改革を進める側の経営者だったりする実務家なので、改革を邪魔する側に成り下がっている左派が我慢ならない。私は誰とも戦ったことがないので、憎しみが足りないと。

猪瀬　いいことだよ、憎しみはいらない。

前にも触れたように、冷戦崩壊を機に左派から右派に転じた人もけっこういる。僕の高校の同級生にも、東大を卒業して社会科の教師になった友人がいるけれども、彼に同級会で会ったとき、「おまえ、いつ転向した？」と聞いたら「米ソ冷戦崩壊で辞めた」と言っていた。
ただし、はっきり言うと、そういう人たちは感性が鈍い。だって、米ソ冷戦の崩壊まで気づかないいんだから。僕は全共闘運動の世代だけれど、一九六九年にもう「これはダメだ」と思った。それで、ナショナリズムとは何かについて勉強を始めたわけだから。三十五年前に書いた『昭和16年夏の敗戦』など僕の作品が古くならないのは、イデオロギーの時代が終わったという意識で書いてきたから。つまり、その時点でいまに至る状況、日本の意思決定のありようの問題が見えていた。

三浦　アメリカ人には、どういう順番で何を大事にするかを判断する複層的な個があるけれども、日本人にはないということですよね。アメリカのマイク・ペンス副大統領は「私はまず善きキリスト教徒であり、次に保守主義者であり、そして共和党員である」という発言をして、その順序が大切であると言っています。そういう個を否が応にも意識させられる文化で育ったアメリカ人と、個のない文化で育った日本人はやはり違いますね。

ザッカーバーグの提言

猪瀬　国民国家以上のモデルは作れないと僕は思っているけれど、Facebookのザッカーバーグがいいことを言っている。

三浦　ハーバード大学の卒業式での演説ですね。話題になっていましたね。

猪瀬　ザッカーバーグの提案は、そもそも国家モデルではなくて、目的を持とうという演説だった。たとえば、病気を世界から無くそうと訴えていて、要するに利他を明確にして生きようと訴えていた。

　僕は以前、大阪を日本の副首都として位置づけるには国家戦略として大阪に財務省とは別の公益庁をつくって、第二の動脈と作ろうと提言しています。ザッカーバーグは納税だけでなく、自分が得た利益五兆円を寄付すると発表したんだね。アメリカでは、一定の利益を自分で分配することがシステム化されている。日本にもふるさと納税があるでしょう。

三浦　でも、あれは特産品で釣っているわけですよね。

猪瀬　そう。東京マラソンにもそういうしくみがあって、参加費一万円の枠は十倍を超える競争率だけど、十万円の枠は余っているんだね。だから、僕は十万円の枠で出場したのだけど、十万円を払うとそれが公益認定法人へ行き身障者の施設などに使われるんだね。

それで、払った人は税金を控除される。

国民国家モデルで、そういうしくみをもっと大規模に展開することができるはず。財務省が分配するメインの動脈のほかに、個人が分配する第二の動脈を作れば、痒《かゆ》い所に手が届くような手当てができるだけでなく、参加しているという国民の意識がもっと強化されるように思う。

東日本大震災で日本型のクラウドファンディングが生まれたけれど、義援金のあり方が硬直的でそれに対するアンチテーゼでもある。昨年、熊本地震があり、今年は九州北部豪雨があった。日本赤十字に寄付するのも善意でよいが、分配がすごく遅くてしかも固定化される。被災した自治体に届くが、特定の公益認定法人やＮＰＯにすぐに援助するほうが寄付の効果がある。そのあたりのあり方が日本は遅れている。

三浦　分配を司《つかさど》っている政治家が利他的でないと困ったことになるわけです。猪瀬さんが「ディズニーランド」と呼んでいるのは、近隣意識だけが育っていて、もらうのが当たり前の社会で、「つぎにもらえるものは何？」というふうに欲望を肥大させて行くわけじゃないですか。

わかりやすい例でいくと、電車で裕福そうな老紳士が隣の席に座ったとき、彼が日本人だと、日本の乗客は彼の財産について幾ばくかの権利を感じてしまいます。でも、日本人だって、海外旅行に出かけたとして欧州の鉄道に乗っていて同じ状況になったとき、彼がイギリス人だったら、そんなことは全く思わないわけなんです。

そういう感覚がじつは国民国家というもののリアリティであり、ある種の幻想でもあるのだということです。

猪瀬　国民国家のリアリズムだね。

三浦　他人の持ち物や財産に権利意識を感じてしまう以上、利他の行為や義務の意識も感じる必要があるわけですが、政治家や官僚ですら、そういう感覚が希薄になり、不利益の分配をやらなくなっている。逆に言えば、だから「ディズニーランド」が可能になったわけです。

猪瀬　不利益の分配というのは、小泉政権が「痛みを伴う構造改革」を断行してから使い始めた言葉だね。

サンデルの徴兵論

猪瀬　僕が東京都の副知事だったとき、マイケル・サンデル教授が来日して、ＮＨＫで討論番組が行われた。その番組に、僕もゲストとして参加したんだよ。

三浦 はいはい。竹中平蔵《たけなかへいぞう》さんが出ていた番組ですね。

猪瀬 あと、ヤクルトの監督だった古田敦也《ふるたあつや》さんね。それで、二〇一一年三月に起きた東日本大震災と原発事故の後で、このときにサンデルが提起したテーマは徴兵制だった。アメリカでは、貧しい人たちが軍隊に志願して兵士になっているけれど、それでいいのか。お金持ちがイラクに行かなくて済んでいるのは不公平ではないか、みたいな議論になった。では、日本ではどうかという話になったので、僕は原発の話を出した。メルトダウン事故を起こした福島原発は廃炉まで四十年以上かかるかもしれないが、放射線を浴びる許容値があるから原発で働いている人たちも一定の数値に達したら、作業ができなくなる。そうすると、被曝《ひばく》していない国民が労働者として順繰りに作業しなければならないわけだ。それはサンデル教授が問題提起した徴兵制の話と同じじゃないかと言ったら、サンデル教授が「そうだ、その通りだ」と言った。でも、他の参加者にはキョトンとして意味がわからないという顔をする人もいた。

徴兵制や国民の義務のことなど考えたこともなかったのだろうね。徴兵制を狭い意味でしか考えていない。実際に兵役に就くだけが現代社会における徴兵制ではない。ドイツでは数年前まで徴兵制があったが、兵役は拒否できた。その代わり、同じ期間、森林保護、病院・介護施設などで義務を果たすことになっていた。

三浦　そうですか。日本人は誰かのせいにして生きてこられたから、全体で負荷を共有するとか、それができなければ選択を迫られるといった考え方がピンとこないのかもしれませんね。

猪瀬　つまり、原発の廃炉化についても当事者意識がないんだよ。国民のなかで解決しなければいけない、誰かがやらなければいけない問題で、それを外国人労働者に任せるわけにはいかないのだから。

資源エネルギー庁が七月二十八日に高レベル放射性廃棄物（核のゴミ）の最終処理場の選定で地質学的条件から適否を推察して日本地図を塗り分けた「科学的特性マップ」を公表した。それによると国土面積の六十五パーセントが適地となる。

しかし、おかしな話だ。六十五パーセントが適地であるとしても、引き受ける自治体があるかどうかは別の問題だから、この数字に意味はない。

僕は北海道の幌延に行ったことがある。東京タワーを逆さまにしたような三百三十三メートルのエレベータで降りた。さらに地底まで十七メートルを鉄梯子で降り三五〇メートトルの地底に達した。そこから放射線状に横穴があり、それも見た。よくできているなと思った。フィンランドのオンカロと同じようなものが日本にもあるのだ。

決定的な違いは、幌延はあくまでも、穴を掘ってみせるという模型・実験施設に過ぎない。それが地元の了解事項だということ。

今後、原発を続けるなら、その条件は〝適地〟ではなく、オンカロのような施設を受け入れると同意する自治体、つまり〝人—民意〟の存在。すべての自治体が拒否するなら原発はやめるしかない。六十五パーセントの適地を一つひとつノックしても、そこに住む人がドアを開けなければつくれない。その間、原発の稼働はできる。だが、それはツケを後回しにする欺瞞である。引き受け手がないなら原発をやめるべきだよ。

三浦　サンデルの議論について、私の専門から修正すると、アメリカでは貧乏な人が兵士に志願しているわけではないのです。軍隊に入隊しているのは、中産階級です。南部が人口に比して多い傾向にありますが。

というのも、貧困層は志願しても、肥満やドラッグ、アルコール依存、犯罪歴などで引っかかって入隊できないからです。競争倍率も高いので、国民の平均より所得の高い中産階級の子どもが兵士になっています。そのいっぽうで、大金持ちの子どもたちはあまり行かないです。

猪瀬　ウォールストリートの人たちの子弟は行かないということか。

三浦　そうですね。軍隊に行くのは、少しでも出世したいという発想を持っている若者たちに偏っています。

終章　時代をいかにとらえるか

女性発、あるいは都市発

三浦　女性が流行を先取りするという話をしましたが、女性が最先端の方にクルッと変わる現象は都市で生じるもので、ポップカルチャー的なものだけでなく、国家の祝祭的なものにも影響を及ぼす形でナショナライゼーションにも寄与していたと思うのです。

それはアメリカのケースを見るとよくわかるところがあり、かつてのハウスワイフ的な生き方や、その後のキャリアウーマン的なライフスタイルも寄与していたと思います。

例を挙げれば、映画「ベスト・フレンズ・ウェディング」で主演のジュリア・ロバーツがすごい肩パッドの入った服装で料理評論家を演じていましたよね。そんなキャリアウーマン像です。あるいは、最近は、ハウスワイフ的な生き方が再び流行《はや》っているのですが、今度流行っているのは瓶詰めのジャムを自分で作るみたいなライフスタイルなのです。世界的な画像共有SNSの一つであるPinterest（ピンタレスト）にそれを投稿したりしてフォロワーが劇的に増えている成功者とか。そういう女性の生き方が常に、新しいナショナルなものに寄与しているのだと思います。

つまり、ナショナル化の進行は都市発であり、女性発であることが結構多かったりするということです。

猪瀬　なるほど。

三浦　オリンピックは、典型的な都市発のナショナライゼーションの取り組みですが、安倍政権がオリンピックに向けた改憲をやろうとすると、そこに長州的なものを見出《みいだ》して「だったらイヤだ」と反発が起きてくる。

ナショナルなものは本来、日本の文化を多様に育《はぐく》んでいくものなのに、多くの国民がナショナルなものというと反射的に「これは藩閥政府的だ」と反発する。たしかに自民党は田舎からの選出が根強いのですが、国家的なるものすべてに、だからといって反射的に反発するのは違うのではないか。

オリンピックの祝祭性は、日本のなかで誤解されている向きがあって、超最先端を持ってこられてもナショナル化ができるわけではなくて、やっぱり猪瀬さんが言っているように富士山や銭湯の絵をどれだけ都会的にアップデートできるかというのがポイントでしょう。

猪瀬　そうだね。

コンパッションの思想

三浦　団塊ジュニア世代の東浩紀さんがよく「ゼロ年代批評はダメだ」と言っています。ネットや携帯の普及によって、これだけ言語空間が飛躍的に広がった時代に構築されたゼロ年代の批評もダメだとなると、論壇を担おうというような人は誰もいないということになってしまう。

でも私は、人間はそんなに変わらないと思っているのです。つまり、猪瀬さんが言う戦前のエリートたちがほんとうにショーペンハウエルを読めていたのか。全集を買う文化は、必ずしも皆がそれを読んだということを意味しません。

猪瀬　たとえ読まなくても、本棚にあるということが大事。

三浦　それは、そうですけど。私がアンカーをつとめていたフジテレビのインターネット配信番組ホウドウキョク「ＦＬＡＧ７」の最後に東大生の考えていることをシェアするコーナーをやっていましたが、東大生がむしろ普通になりたがっている傾向はたしかにあります。

ただ、私は上の世代、親世代の人たちに不信感を持っています。あの世代の人たちは旧制高校的な文化を持っているけれども、その物事にほんとうに関心があるのではなくて、何か知識をひけらかして知的競争をしている感じが拭《ぬぐ》えない。議論に勝つことがコンテンツより大事なのではないかと勘ぐってしまう。

だから、教養だけあってもダメなのです。

猪瀬　傍観者ではダメ。愛がなければダメなんだ（笑）。

三浦　そう、愛がなければダメだし、ある程度の自由度というか、時代は動くのだという信念がないとくさってしまうだけなのです。

猪瀬　共感がなければダメで、その共感がどこから来るのかということだよね。繰り返し言っているけれども、明治維新以来、この国が滅ぶかもしれないという危機意識のなかで、やはり欧米列強に滅ぼされるかもしれないアジア諸国に思いを致すのが、三浦さんの言うコンパッション（共感力）だった。

そういうコンパッションが、大正時代ぐらいから少しずつ、ひたすら個人の私的な幸福を追求するみたいなことに矮小化《わいしょうか》されていった。

陸軍士官学校を出た東條英機《とうじょうひでき》たちが話し合って、藩閥のコネで出世して行くのはおかしいと言い出して、平等でなければいけないと主張した。ところが、その平等の根拠は何かといったときに、陸軍士官学校のペーパーテストの成績、つまり偏差値に求めた。その結果、点数が一点でも多い者が選ばれることになり、価値観や思想の全体が見られなくなってしまった。

戦争をするのだから大きな戦略を持たなければならないのに、軍部のエリートたちが小さな出世を競うようになっていった。しかも、そのメンタリティが戦後も続いている。

三浦 たしかに続いています。

猪瀬 札幌農学校に赴任したクラーク博士が「ボーイズ・ビー・アンビシャス」（少年よ、大志を抱け）と言ったとき、明治の日本人はアンビシャスを「野心的」ではなく、「大志」と訳した。要は、その人の生き方に大志があるかないか、なんだよ。

三浦 わかりますよ。「お受験ママ」というのは、たしかに出世はもたらしてあげられるかもしれないけれど、本当の実力や志は育てられないのです。

猪瀬 まあ、そうだね。

三浦 しかも、東大の試験では人格はもとより、頭のよさすらも完全に測れるものではないから。そうすると、やはりどうしていいかわからないということになると思います。

猪瀬 だからいまこの議論でわかってもらうしかないと思う。何度も言って来たように、「黒船」が来航して以来、百五十年余にわたって、日本人がどうやって近代を生き延びて来たかということを見ないといけない。近代を見ずに、現代だけで語るとクリエイティブな発想が出てこないと思うんだよ。

三浦　それはそうですね。社会的歴史観は広くもったほうがいい。たとえば、ISに対してみんなが抱いている恐怖感というのは、戦間期における共産主義者や無政府主義者に対する恐怖感と酷似しています。だから、私のように歴史重視の人間からすると「この恐怖感は国家を破壊するものに対する恐怖なんだな」と思います。でも、現代にとらわれていると、これはイスラム過激主義と先進各国の対立だというような平板な理解しか生まれない。

この間、国際会議でそう言ったとき、にわかには共感は広がらなかった。けれど、時間が経つうちに「よく考えるとそうだね」というふうに言ってくれる人が出てきた。だから、「よく考えるとそうだね」と思える視点でモノを見るには、事実を同時代的に把握するいっぽうで、そういう把握を常に突き放して見ることが必要だということだと思います。

女性的な感性にはいま目前にあるものを突き放して見るぐらいのリアリズムがあるのだけれども、それをきちんとした歴史の勉強と組み合わせ、どの時代の事実に対しても観察を怠らなければ、ユニークなひとつながりとして見ることができる。

いっぽう男性的な思考にはやっぱり、猪瀬さんが連続性と言うストーリーを求めるように、どうしてもストーリーに縛られた歴史観や世界観を持つことになると思うのです。

猪瀬　そこは男と女の越えがたい溝ということか。黒船以来の歴史を見ることは、そんなに難しいことじゃないと思う。

三浦　私がなぜ日本とたびたび衝突する韓国に対して、彼らと利害が折り合えないのに、割に温かな感情を持っているかというと、それは「自分事化」してふつうに考えたからなのです。私が相手だったらどう感じるかを考えたのです。

それを、私は「ママ性」と呼んでいます。客観的な思考や感性と言ってもいいですが。それが利他性の始まりなのではと。

だから、現代においてコンパッションを持つ方法は、猪瀬さんの主張するように歴史に学ぶやり方だけでなくて、私のようにママ性を根拠にする方法もあると思うのです。

団塊ジュニア世代のトップランナーである東浩紀さんが新著『ゲンロン０』を出しましたが、これは本当にいい本でした。

私は国際政治学者であり割に国家中心の考え方を持っているのですが、東さんは哲学者であることもあって、国家に期待するのは無理だと考えています。もちろん、国家の存在は認めているけれども、日本のようにディズニーランド化してしまった国では、個人が享楽を求めて生きることを肯定しているわけですよ。だから、少し違う思想だなと思っていたのです。

ところが、本を読んでみて、これは折り合えるなと思いました。東さんは「誤配」的な経験に期待を寄せているのです。「誤配」的な経験とは、たとえば韓国に関心のなかった人たちが韓国に旅行してショッピングをしたり、美術に興味のない人が旅行でエルミタージュ美術館に行ったりすることです。

それは私の専門からすると、たとえば、中国の国有企業である多国籍企業がイギリスでビジネスをすることによって、イギリスの豊かさや労働環境の厳しさなどを学びとって自ら変わっていくということです。私はいまそういう多国籍企業の変貌《へんぼう》について企業のサイドから研究していますが、東さんが哲学的なアプローチから辿《たど》りついた結論と、私が政治学のアプローチから辿りついた結論が矛盾するものではないということがわかったのです。

それと同時に、四十代の日本人で、東さんのように未来を信じたり夢を持ったりする人がいたんだということを知って、純粋に嬉《うれ》しかったこともあります。

猪瀬　東浩紀くんは誠実で使命感があるからね。

三浦　すぐに問題解決をしたがる人たちが目立つなかで、東さんはその一員ではないんですね。だから、毛色が違うとはいうものの、東さんも猪瀬さんも私も考え、夢みるという意味でつながっているのはいいことだなと思います。

それがじつは私が教育という形で、大学生たちに提供したいものなのです。私はいま青山学院大学で国際政治の講義を担当していますけれども、そこで伝えたいのは、他者に共感する前提としての洞察力と、相手の立場に立ってみるという実験を通して体得するリアリズムなのです。私にとって、共感とリアリズムはほぼ同じものなので、講義を通してリベラルアーツを少しでもやれたらなと思っているのです。

猪瀬　大事なことだよ。日本の近代はまさしくリベラルアーツから始まったのだから。

あとがき　国民国家に生きる　三浦瑠麗

時代感覚

時事に関する評論や対談においては、時代感覚というものを意識します。学究をきっかけとしてこの世界に入った者の思考の癖として、人間は時代を超えて似たような問いとの格闘を続けているという自覚があるからです。今、我々がユニークなものとして頭を悩ませている問題も、実は過去の人間が同様に直面したものであると。時代や国は違っても、人間が思い悩む問題に、全くの未知というものはそうそうないものであると。

社会を観察し、思考するものとして、この感覚はある種の無力感を招来するものであると同時に、救いでもあります。プラトンやアリストテレスや孔子《こうし》や孟子《もうし》が取り組まなかった我々だけの難題などないと割り切ることができるから。私自身にとっては、難問と向き合うにあたって、多少なりとも孤独感をやわらげる効果があります。

さて、二〇一〇年代後半の今を生きる我々にとっての時代感覚とはなんでしょう。本書では、戦後日本を自らの感覚として生きてきた作家であり、政策家であり、政治家であった猪瀬さんと、バブル崩壊以降の「失われた時代」を生きてきた私の世界観とをぶつけています。改めて、私自身の時代感覚にとって重要な要素を挙げるとすると、①冷戦と五五年体制の残滓《ざんし》、②四半世紀にわたる政治改革の終焉《しゅうえん》、③カタストロフィーをもってしても変われなかった日本、ということになろうかと思います。

冷戦が崩壊し、日本でも五五年体制が崩壊してから四半世紀が経って、かつての共産主義思想や、社会主義思想を正面から主張する者はさすがにいなくなりました。ところが、いろんな意味で冷戦崩壊の残滓が日本国内を覆っていて、社会主義が夢想に過ぎず、思想体系として手痛く頓挫《とんざ》したことと向き合えない世代が、いまだ社会に大きな影響力を保持しています。それどころか、元々社会主義は信奉していなかった、信奉していたのは戦後日本的な価値観だ、というすり替えが成立してしまっています。

五五年体制下で成立した戦後日本的なるものの空気感を胸いっぱいに吸い込んだ団塊の世代が、人口構成上のボリュームゾーンを形成していることも影響しているでしょう。戦後日本においては、実は、冷戦の厳しさも資本主義内の路線対立も中途半端でした。島国であるという地理的僥倖《ぎょうこう》と、米国の存在というフィルターを通じて世界を見ていたからです。崩壊を崩壊として認識せず、挫折を挫折として認識しない存在によって、時代の構造と要請が根本的に変わっても、そのことを正面から受け止められない社会となってしまった。

もちろん、戦後日本的なるものとの戦いが存在しなかったわけではありません。安倍総理が初当選した一九九三年以来の日本政治の最大のテーマは政治改革でした。肝心なところで中途半端な妥協が繰り返されてきたとはいえ、目標は政権交代可能な二大政党制を確立すること。世界の主要国と伍《ご》して決断ができ、国民に対して説明責任を果たせる政治を確立することが、一貫して目指されてきました。

九三年の自民党の最初の下野から四半世紀を経た変化はたくさんありますから、徒《いたずら》に無力感を振りまくべきではないかもしれませんが、二〇一七年夏というまさにこの瞬間に、民進党の解体が進行しており、曲折を経た政治改革の試みのことごとくが失敗に終わろうとしているのです。残ったのは、アクが抜けて小粒になった自民党と、スタイルを追求する都民（日本）ファーストと、大阪の地場カルチャーを色濃く反映した地域政党としての維新、そして、ほぼ無傷で生き残ったのが公明党と共産党。なんとも、切ない夢の跡なわけです。

三つ目のカタストロフィーというのは、東日本大震災を経ているという意味です。この国特有の自然の脅威が、意思をもたない苛烈《かれつ》さで列島を襲い、重大な原発事故と組み合わさることで危機が複合化した。物的な被害が積み上がり、筆舌に尽くしがたい悲劇の状況が伝わってくる中で、不謹慎ながら、ある種の希望が確かに湧き上がっていました。こうして、この国は変われるかもしれないという。震災対応での国家の失敗には、たしかに戦時の日本国家の失敗との類似性がありました。その論理を飛躍させて、震災の犠牲者を戦争の犠牲者になぞらえ、彼らの犠牲を無駄にしてはいけないという論理が生まれた。

時間が経ち、結果が見えているというのは残酷なことです。日本は、あの被害と悲劇をもってしても変われませんでした。震災から六年が経過し、エネルギー政策にさえ改善を超えた変化はありません。被災地現地での小さな変化の種はあるけれど、それはそれ。復興という名のマシーンが回っていて、建設業の人材不足が懸念されているそうですが、ただそれだけ。二〇一一年や二〇一二年に存在した、切るような危機感はいまやどこにもありません。

二〇一七年の今、私は、そんな時代感覚の中を生きています。

二〇一〇年代後半の思想地図

当然、二〇一〇年代後半の思想地図は、そんな時代感覚を体現する構造になっています。旧来の保守や右翼と言われたものの多くは、郷土保守になっている。郷土の美しさや、かつて存在した共同体の幻想の中に、理想的な何かを見出《みいだ》しています。共同体を成立させた経済社会的な前提が大きく変化していることには目をつむり、制度の側から無理やりそれを再現しようとしています。

思想が、個人の生き方のレベルに留《とど》まっている限りは、ただの懐古趣味ですませばいいのだけれど、それを政策の現実的な目標に位置づけた瞬間、滑稽《こっけい》を通り越して明確な社会的害悪となっています。多少、救いがあるとすれば、戦後社会の一応の個人主義と民主主義の浸透によって、現実の政策として意味のあるレベルで結実する可能性はほとんどないこと。与党のコアな支持層の大半がこんな雰囲気なのです。

次が生活保守。かつては、左派あるいはリベラルを自称していた者の多くが、高齢化し、一定の財産形成を成し遂げ、分配を受ける側となり、自らの生活防衛の一環として保守化しています。伝統的家族主義が個人主義に塗り替えられていく中を生きた世代が、自分に対しては、両者の好《い》いとこ取りを要求する。世代としては国の社会保障から、貢献した以上の便益を得ているのに、国や社会との接点はどこまでも要求をすること。

本能として変化を嫌い、成長はあきらめるべきと開き直る。移民を受け入れても、多様性を許容する社会にはどうせなれないのだから、皆で等しく貧しくなろうという。歴史上、社会が平等に貧しくなったことなど一度もないのに。貧しくなる社会にあって、真の弱者がどれだけつらい立場に置かれるかの想像力が働かない。それが自分たちに適用されるという前提がないから。世代間不公平の議論には耳を塞《ふさ》いで頬かむりをする。あるいは逆ギレをする。

本書の中でも言及した「輝け憲法！」派の多くが、そのセンチメントを代表していて、戦後平和主義の論点が、本当にしんどい改革、本当に弱者を助ける改革と向き合わないための無意識の煙幕になっているのです。

数は極端に少ないけれど、グローバルな社会とつながっている層は存在はします。けれど、社会的な構造の中で、注意深く、計算高くなっています。この国の主流派は、資本主義やグローバリゼーションの論理をそのまま主張する層を決して許容しないと、理解しているのでしょう。専門家の間では、社会の大層な無知を嘲《あざけ》り、自らの社会に対して影響力のなさを自虐的に披瀝《ひれき》する。あるいは、社会的活動とは距離を起き、ビジネスの中に自己実現の芽を見出す。社会に影響力を行使することに、ある種の郷愁は抱えているのだけれど、そのあまりのスジの悪さに身震いがする。

彼らだけがこの層の代表ではないけれど、ホリエモンや村上《むらかみ》ファンドの村上さんは自分たちが社会の敵となった理由を明確に理解している。日本社会にイノベーションを起こし、日本企業のガバナンスを改革するという初期の志を失ってはいないけれど、日本のために自らリスクを冒すことがバカバカしくなっているように見受けられます。

もちろん、この層にも本当にグローバルな市場で勝負できている層と、グローバル社会をこの島国とつなぐ翻訳機能を果たしているだけの層がいるわけだけれど。前者の存在だけが、この国の運命と自らの運命を同一視する必要がない人々です。

流動化する社会にあっても、主要組織がもっている強固さに守られている層も、まだまだ一定の影響力があります。エリート支配的な既得権益とでも形容すべき彼らは、国際機関や、官僚組織や、公式の経済団体の主流派であり続けています。社会における極端な変動を嫌い、現状の社会構造を維持するための改善策や漸進主義的な改革の主要な担い手です。統治する責任を自覚しているのは、もちろんエリートの美点でしょう。

ポピュリズムが世界を覆い、エリートが仕切る社会が崩壊しつつあるという現実が日本に伝わってくるまでには、一定の時差があります。その時差を意識しつつ、何故に大衆はそれほど苛立《いらだ》っているのかを傍観しているというのが今日の彼らの現実でしょう。彼らの周辺に、ソーシャル・ビジネスやロビーイング活動に、新しい息吹でもって取り組む層が出てきているのは、部分的な救いではあると思います。ただこの国に危機が蓄積していることは自覚しつつも、今はまだ、「大きすぎる問題は存在しないこととする」という前提が崩れていないようです。

ナショナリズムの代替物としての戦後平和主義

本書で提起する「国民国家のリアリズム」に抵抗を続ける人々。いろんな色合いがあることを承知で、私は彼らを戦後平和主義者と呼んでいるのだけれど、彼らはいったい何を守ろうとしてそんなに熱くなっているのでしょうか？　私は、そこにナショナリズムの代替物を見ます。

七十年以上続いた平和と繁栄は、平和憲法に象徴される戦後日本の平和主義によってもたらされたという、誤謬《ごびゅう》です。私が、その思考にとてもついていけないのは、第一には、知的な退廃ゆえです。ある種のイデオロギーを信じ込んだ結果として、他者を騙《だま》そうとするのみならず、自らを欺くことまで覚えてしまっている。

本稿を執筆しているのは、二〇一七年八月六日の夜なのですが、報道は台風と原爆記念日の話題で一色です。原爆被害者自身の経験は、どこまでもリアルなものですから、その点を相対化したり矮小《わいしょう》化したりする気は一切ありません。原爆資料館を訪ね、原爆に関する書物や映画を見れば、人間としての正義感が湧き上がってくるのをたしかに感じます。けれど、「唯一の被爆国」という国家ブランドを喧伝《けんでん》し、それを中心に国家の政策を語っていく情緒主義には言いようのない嫌悪感を覚えるのです。唯一の被爆国として一段高い倫理的境地に到達している自分たちこそが、いまだ「核の傘」などという旧世界の遺物に拘《こだわ》っている政府にモノ申すという構図です。核の傘という、後ろ暗い死の論理によって、自らもが安全を保障され生きているという自覚がまるでないのです。日本という国民国家を成立させているリアリズムの側からの視点は皆無なのです。

かつて、ベネディクト・アンダーソンは、ナショナリズムが「想像の共同体」という幻想に基づいていると喝破しました。宣伝と想像の結果としての虚構が、それでも、現代社会を機能させる国民国家という仕組みの本質であると。戦後平和主義とは、日本にとってナショナリズムの代替物なのです。敗戦によってナショナリズムが忌避される中で、屈折して肥大化した自己イメージなのです。それは、正義と平和の間で葛藤《かっとう》し逡巡《しゅんじゅん》する本当の平和主義とは何の関係もない、危機の鍛錬を経ていない甘酸っぱい平和主義です。

戦後日本社会について論じるとき、私は、その設計者である吉田茂についてよく想像します。エリート官僚として、大陸における帝国主義の担い手でありながら、軍部に代表される粗雑な人々による国家の滅亡を目の当たりにした。運よく、戦後復興を担う地位を得て後は、軍人的なるものを極力排除し、使命感に燃えて従米国家を築き上げていった。

戦前の日本を誤らせたのは、粗雑で、無責任な、願望と現実を混同する狭い価値基準で選ばれた疑似エリートたちでした。戦前の日本の不都合な真実は、彼らを支えたのが暴力的な欲求に突き動かされたメディアと大衆であったということ。軍部に、著しい想像力と戦略性の欠如がとりわけ多く沈殿していたことは事実としても、彼らだけが悪玉であるというのは真実に反します。

悲しいかな、それを雄弁に物語っているのは、戦前日本の悪い部分の多くが、今の社会にも共通していることです。視野狭窄《きょうさく》な指導者、既成事実の積み上げに抗《あらが》えない官僚組織、そして、暴力的な大衆の欲求を体現するメディア。もちろん、それは日本という国だけに当てはまるものではなく、人間が負っている性《さが》でもあるでしょう。ユニークだったのは、戦後日本が、吉田茂の戦略的従米から出発したのに、いつしかそれを普遍化させてしまったこと。保守も革新も、アメリカというフィルターを通じて世界を見ることで国民国家を運営するという生々しい現実と向き合わずに来れたのです。

本稿の冒頭の、時代感覚というところに戻ると、最大の変化は、アメリカの内部で進行しているのかもしれません。トランプのアメリカは、トランプが登場する随分前から帝国であり続ける意思を失っています。デモクラシーの帝国は、能力よりも先に、帝国としての意思が失われていくのです。戦後日本社会の、おそらく最大の前提が崩れようとしているのです。

地図のない世界

日本社会が一つの岐路に立っていることは間違いないでしょう。四半世紀前に、この国が「普通の国」への旅路についてから、随分と時間が流れました。私にとって、その時間は記憶にある人生そのものと重なります。九〇年代前半にその取り組みを始めた時と比較して、この国の立ち位置は随分と変化しました。高齢化は、この国の人口動態の結果であると同時に、思想のあり方に影響を与えています。かつての、左右の思想の主役たちは郷土保守と生活保守として、この国から前向きな変化の芽を摘み取ることで、奇妙な利害関係の一致を見ています。その勢力を前にして、極少数のグローバルな発想はあまりに貧弱です。

そんな中、何を希望に思想を語り、政治を評論するのか。最近ある対談で、「どうして君は絶望していないのか」と聞かれました。その時投げ返した結論は、私が「まだ若いから」というものだったけれど、それはちょっと違う気がしています。

それは命を宿し、命を失ってきた人生とつながっていて、胸を張って若いとは言い切れないところまできたことと関係がある。学界や、メディアや、政治家の偉い人と付き合うようになって、彼ら自身も人間であり、彼ら自身にも解がないことを知ってしまったから。

それでも、絶望に身を委《ゆだ》ねずに済んでいるのは、カタストロフィーを回避するためです。私の中にも、崩壊を通じたリセットを求める願望はあるのだけれど、弱き者の庇護《ひご》者として、それを回避する責任感の方が勝るのです。本当のカタストロフィーに遭って、悲惨な目に遭うのはいつだって弱き者たちだからです。

そもそも、国家というものは、国民の当たり前の幸せのために存在するもの。国民国家の役割を論じ、政治に何らかの偉大さを求めると、どうしても失われてしまう視点です。私のリアリズムを支えているのは、そんな弱者とつながっているという感覚である気がします。

国民国家としての日本を支えてきた前提の多くが既に崩壊し、我々は地図のない世界を歩んでいると言われます。それは、きっとそうなんだけど、地図があった例《ためし》なんてない気もします。自分で考え、行動していくしかないという諦《あきら》めは、絶望のようでもあり、それでいて希望のようでもあるのです。

三浦瑠麗（みうら・るり）
国際政治学者。1980年神奈川県生まれ。東京大学農学部卒業。東京大学公共政策大学院修了。東京大学大学院法学政治学研究科修了。博士（法学）。専門は国際政治。現在、東京大学政策ビジョン研究センター講師。主著に『シビリアンの戦争』（岩波書店）、『「トランプ時代」の新世界秩序』（潮新書）、『日本に絶望している人のための政治入門』（文春新書）。

猪瀬直樹（いのせ・なおき）
作家。1946年長野県生まれ。87年『ミカドの肖像』で第18回大宅壮一ノンフィクション賞受賞。2002年6月小泉純一郎首相の下で道路公団民営化委員に就任。07年6月石原慎太郎東京都知事の下で副知事に就任。12年12月東京都知事に就任、13年12月辞任。現在、日本文明研究所所長、大阪府市特別顧問。戦争、ナショナリズムに関する著書多数。近著に『東京の敵』（角川新書）。オンラインサロン猪瀬直樹の「近現代を読む」主宰（https://lounge.dmm.com/detail/523/）。

国民国家《こくみんこっか》のリアリズム

三浦瑠麗《みうらるり》　猪瀬直樹《いのせなおき》

2017年 9 月 10 日　初版発行

発行者　郡司 聡
発　行　株式会社KADOKAWA
〒102-8177　東京都千代田区富士見 2-13-3
電話　0570-002-301（ナビダイヤル）
装 丁 者　緒方修一（ラーフイン・ワークショップ）
ロゴデザイン　good design company
オビデザイン　Zapp!　白金正之
印 刷 所　暁印刷
製 本 所　BBC

角川新書
 ISBN978-4-04-082169-6 C0230